La Nation Druse: Son Histoire, Sa Religion, Ses Moeurs Et Son État Politique...

Henri Gûys

LA NATION DRUSE,

SON HISTOIRE, SA RELIGION, SES MŒURS,

ET SON ÉTAT POLITIQUE.

OUVRAGES DU MÊME AUTEUR.

BEYROUT ET LE LIBAN, 2 vol in-8°.

STATISTIQUE DU PACHALIC D'ALEP, broch. in-8°.

UN DERVICH ALGÉRIEN, VOYAGE EN SYRIE, 1 vol. in-8°.

ESQUISSE DE L'ÉTAT POLITIQUE ET COMMERCIAL DE LA SYRIE, 1 vol. in-8°.

THÉOGONIE DES DRUSES, avec texte arabe, 1 vol. in-8°.

Ces Ouvrages se trouvent à Marseille aux Librairies de :

Mme veuve Marius OLIVE, rue Paradis, 68.

MM. CAMOIN frères, rue Saint-Ferréol, 4.

LA NATION DRUSE

SON HISTOIRE,

SA RELIGION, SES MŒURS ET SON ÉTAT POLITIQUE,

PAR

M. HENRI GUYS,

Consul de première classe en retraite, Officier de la Légion-d'Honneur
et du Sauveur de Grèce,
Chevalier du Saint-Sépulcre de Jérusalem, de saint Grégoire-le-Grand
et des saints Maurice et Lazare,
Décoré des Ordres en brillants du Lion et du Soleil de Perse
et du Nitschan Iftikhar de Turquie,
Membre de l'Académie de Marseille, etc. etc

PARIS,

CHEZ FRANCE, LIBRAIRE,

Quai Voltaire, 9.

1863.

Marseille.— Imprimerie de Mme veuve Marius OLIVE, rue Paradis, 68

LISTE

DES

AUTEURS CITÉS ET DES TITRES DE LEURS OUVRAGES.

Ch. ROLLAND. — Athenæum français, année 1856.

CHATEAUBRIAND. — Itinéraire de Paris à Jérusalem.

Silv. de SACY. — Exposé de la Religion des Druses. — Chrestomathie arabe, 2e édit. — Recueil des Mémoires de l'Académie des Incriptions. — Manuscrits de la Bibliothèque Impériale (fonds de manusc.).

BEAUSOBRE. — Histoire du Manichéisme.

VOLTAIRE. — Essai sur les Mœurs et l'Esprit des Nations.

Kasimirski de BIBERSTEIN. — Traduction du Koran.

BARTHÉLEMY et MÉRY. — Napoléon en Égypte.

Baron de TOTT. — Mémoires sur les Turcs et les Tartares.

VENTURE DE PARADIS. — Annales des Voyages. — Mémoires pour servir à l'histoire des Druses.

Mgr LOSANA, évêque de Biela — *Un Voto e una Speranza.*

PÉTIS DE LA CROIX. — Manuscrits français et arabes de la Bibliothèque Impériale.

Historiens sacrés. — Ancien et Nouveau Testament.

G. PERROT. — Revue des Deux Mondes, 1863.

VIVIEN DE SAINT-MARTIN. — La Presse, 1860.

LAMARTINE. — Histoire de la Turquie. — Cours familiers de littérature.

BASNAGE. — Histoire des Juifs.

REGNAULT. — Bulletin de la Société de Géographie, 1827.

REINAUD. — Description des monuments arabes (Blacas). — Introduction à la géographie d'Abulféda,

Société de Professeurs. — Dictionnaire des sciences philosophiques

D'HERBELOT. — Bibliothèque orientale, édit. in-folio et in-8 ..

Emir HAIDAR-CHEHAB. — Histoire des Dynasties égyptiennes (manusc. arabe).

MOURADJA D'OHSSON. — Tableau de l'Empire Ottoman.

CHARDIN. — Voyage en Perse

DESGRANGES aîné. — Campagne d'Egypte, trad. de l'arabe,

FÉNELON. — Vie des anciens philosophes.

ADLER. — Description du musée Borgia.

Abbé de MARIGNY. — Histoire des révolutions de l'Empire des Arabes

GEORGE-EL-MAKIN. — Histoire Saracénique (trad. franç.)

NIÉBUHR. — Voyage en Arabie.

POUJOULAT. — Histoire de Jérusalem.

PP. Jésuites. — Mémoires des Missions.

MALTE-BRUN — Annales des Voyages.

Abbé BATTEUX. — Histoire des causes premières

VOLNEY. — Voyage en Syrie et en Egypte.

MIRABAUD. — Le Monde.

Joseph de HAMMER. — Mémoire sur deux Coffrets.

L. de TESSON. — Voyage au mont Sinaï.

Abbé MARITI — Voyage en Chypre, Syrie, etc.

POCKOCKE. — Voyage en Syrie.

POUSSOU. — Annales de la Propagation de la Foi.

Achille LAURENT. — Relation historique des affaires de Syrie.

CAUSSIN DE PERCEVAL. — Essai sur l'histoire des Arabes.

GARCIN DE TASSY. — Revue de l'Orient, 1859

PLUQUET. — Dictionnaire des Herésies.

PRÉFACE.

A propos de la publication de mon second ouvrage sur la Syrie [1], un auteur, que je connaissais à peine, mais dont je n'avais pas brigué l'honorable suffrage, voulut bien en rendre compte dans l'*Athenæum français* [2], et il débuta en déclarant que j'aurais dû prendre pour épigraphe le fameux mot de Montaigne : « Ceci « est un livre de bonne foi. » Ce fut un témoignage loyal que M. Charles Rolland me rendait, et cependant le sentiment de justice n'intervenait pas seul dans cet aveu ; il était guidé principalement par un jugement solide et l'exacte connaissance des difficultés que l'on éprouve dans toutes les investigations littéraires et statistiques en Orient.

Chateaubriand n'avait-il pas dit :

« Un moment suffit au peintre de paysage pour « crayonner un arbre, prendre une vue, dessiner une

(1) *Le Dervich algérien*, ou *voyage en Syrie*.

(2) Année 1856, page 177

« ruine ; mais les années entières sont trop courtes pour « étudier les mœurs des hommes (1).

Dans ce qui nous a occupé, ce n'est point seulement de l'histoire d'un peuple, ni de son caractère moral qu'il s'est agi : c'est de sa doctrine et de son culte.

Or, on concevrait la facilité d'un travail, sur de pareils sujets, avec des documents qui en traiteraient d'une manière plus ou moins explicite, car cela dispenserait d'aller entreprendre des recherches sur les lieux habités par ce peuple.

Mais à quels moyens fallait-il recourir, par rapport aux Druses, qui s'entourent de mystère dans tout ce qu'ils font, et dont les livres religieux, arrivés en petit nombre jusqu'à nous, sont d'un style obscur, prolixe, métaphorique, si ce n'est énigmatique ?

Evidemment, c'était de recueillir, dans le pays où ils résident, tous les renseignements se rattachant à leur croyance, autant qu'à leurs mœurs, et de s'en servir comme acheminement à l'intelligence de leurs livres.

Pendant quatorze années, passées à Beyrout et dans le Liban, j'ai pu recueillir les informations verbales et écrites dont j'ai fait usage, et si, parfois, j'ai voulu associer des devanciers à mes observations, ç'a été d'après cette vérité proverbiale que *quatre yeux y voient mieux que deux.*

En effet, en citant un auteur, je reconnaissais son exactitude et son opinion me semblait acquérir une plus grande autorité, tandis qu'en lui substituant

(1) *Itinéraire*, Avert. VIII.

isolément la mienne, nous nous privions d'une réciproque corroboration morale.

C'est principalement sur des orientalistes tels que Pétis de la Croix, Venture de Paradis et surtout de Sacy, que je tenais à m'appuyer sans y mettre même beaucoup de réserve, puisque la langue arabe m'est familière et que j'ai pu connaître les livres druses cités par ces auteurs, de même que les traductions qu'ils en ont faites; ce qui m'a déterminé à y recourir lorsqu'il s'agissait d'écrits d'une intelligence peu facile, pour lesquels les dictionnaires sont d'un faible secours.

Je dois dire, au surplus, que je n'ai pris cette résolution qu'après avoir traduit moi-même plusieurs manuscrits, outre celui qui a fait le sujet de ma théogonie,

En me rapportant aux interprétations des autres écrivains, je les confirmais avec d'autant plus d'indépendance que j'ai prouvé, dans quelques occasions, que là où j'étais en dissidence, je le disais franchement, quoiqu'à regret, à cause du haut mérite de ceux que je contredisais.

S'il est incontestable que les connaissances de M. de Sacy ont été des plus vastes, rien n'est moins vrai aussi que les erreurs signalées dans ses écrits. On s'est abstenu de relever celles étrangères à la secte des Druses.

N'a-t-il pas déclaré que ceux-ci sont partagés en trois classes qu'il compose de sectateurs du *Tenzil* (loi révélée), du *Ta'ouil* (allégoristes) et de ceux qui professent l'unité, appelée *Ta'ouhid* (1) ? Ce n'est là, cependant, qu'une

(1) Exposé, II, 521.

division allégorique, de pure supposition, puisqu'elle ne fait point partie de la doctrine unitaire, laquelle ne reconnaît que des *aqqels* et des *djahels*, division qu'avait adoptée Venture, en nommant les vulgaires, *mondains*, *aspirants à la spiritualité*, et les instruits, *sages* (1).

Les dénominations de M. de Sacy seraient logiques de la part des Druses, mais seulement pour désigner : par sectateurs de la loi révélée, les musulmans sunnites; par allégoristes, les partisans d'Ali, et se réservant eux-mêmes l'épithète d'unitaires ou professant l'unité.

Les Aqqels sont, à la vérité, partagés en commençants, avancés et supérieurs, si ce n'est que ces distinctions sont occultes, n'étant observées que dans les réunions pieuses et au milieu du plus profond mystère.

Remarquons, en passant, que les Manichéens se divisaient, eux aussi, en trois classes et que leurs préceptes étaient semblables à ceux des Aqqels avancés, supérieurs et chefs. Nous trouvons cette autre analogie avec eux : La rareté ou le défaut de progéniture attribué à une grande continence; la propreté et la modestie dans leur nourriture, ainsi que l'éloignement des délices (2).

Ceux qui traitent un sujet sur des ouï-dire, ou d'après des auteurs incertains, s'exposent à errer en épousant de fausses opinions. Les témoignages que nous rapportons dans notre dissertation sur le culte du veau, attribué à la généralité des Druses, prouvent bien que ces jugements, subordonnés à des raisonnements qu'on n'est pas

(1) Man. 112, 53

(2) Beausobre, I. 320.

en mesure de vérifier, n'ont qu'une solidité douteuse.

On confond, au surplus, dans bien des cas, l'esprit des écrivains avec les sujets qu'ils traitent, au point d'accorder une sorte d'infaillibilité, ou au moins de rigoureuse exactitude à leurs travaux. Mais le savoir a-t-il jamais préservé de l'erreur, surtout dans les études demandant des connaissances spéciales?

Voltaire a terminé son portrait de Mahomet par ce reproche : « Il aurait dû bien plutôt recommander de « ne point disputer avec les savants (1). » N'est-ce point par le motif qu'il n'avait pas lu le Koran, dans lequel se trouve ce précepte assez explicite : « N'engagez de controverse avec les hommes des écritures que « de la manière la plus honnête (2). »

Et MM. Barthélemy et Méry, est-ce par un manque d'esprit qu'ils ont commis la faute qui nous a tant frappé dans leur immortel poème *Napoléon en Egypte?* Non, sans doute. Toujours est-il que jamais on n'a vu un musulman, et par conséquent Dgezzar-Pacha, de tyrannique mémoire, coiffé d'un turban à la couleur dégradante, exclusive des *rayas* ou chrétiens, qui s'en dispensent eux-mêmes lorsqu'ils jouissent de quelque *protection*.

Voici le vers auquel une fausse nuance a fait perdre toute sa beauté :

Son regard menaçant où scintille le feu,
Luit, sous ses blancs sourcils que presse un turban bleu (3).

(1) *Essai*, etc. I. 329.

(2) Surate, XXIX. 46.

(3) Page 135. — D'autres auteurs ont erré sur des croyances mu-

S'il n'est pas toujours donné de discerner le faux du vrai, lorsqu'un objet est offert à notre observation, sous une forme vague, un esprit éclairé a incontestablement le mérite de l'exactitude dans tout ce qu'il a pu soumettre à ses paisibles investigations.

C'est ainsi que nous nous sommes arrêté aux traits de lumière trouvés dans quelques relations, non qu'il se fût agi de faits entièrement inconnus, mais pour profiter de tout ce qui avait été découvert avant nous.

On nous dira : Puisque la religion des Druses s'enveloppe de tant d'obscurité, comment admettez-vous que ces voyageurs aient pu se procurer les renseignements rapportés? Cela est invraisemblable.

Bien que nous en convenions, reconnaissant, toutefois, qu'un secret est difficile à garder, nous devons dire que si les bruits recueillis dans les relations n'ont pas opéré le dévoilement complet des mystères druses, ils nous en ont donné les premières lueurs. Ne devait-on pas accorder d'ailleurs un degré de confiance à l'exactitude résultant de leur concordance?

C'est par de pareils moyens qu'on est arrivé à se former quelques idées des doctrines druses, car il s'est agi, au sujet de ce culte, comme d'un événement imparfaitement connu faute d'avoir été publié dans ses détails; on y a suppléé en prenant ça et là les circonstances qui s'y rattachaient.

sulmanes, notamment Montesquieu. *Lettres persannes*, XXIV; Volney, II. 311. et Badhia *Voyage*, II, quant à la prétendue exclusion des femmes du paradis. Les Surates et versets suivants : IV, 128, IX. 72, XVI. 99, XXXIII, 35, XXXVI. 55 et 56, XL, 13, XLIII, 70, XLVIII, 5, leur assurent les mêmes droits qu'aux hommes.

Dans la question que nous traitons, nous ne pensons pas faire erreur en attribuant les bruits originairement vrais, rapportés par quelques écrivains, à des confidences [1], à des indiscrétions ou à des infidélités. Au fait, un Druse a-t-il pu croire qu'il serait damné pour avoir confié quelques mots, sans importance à ses yeux, à un interlocuteur le pressant de questions et promettant de rémunérer largement sa complaisance à satisfaire une pure curiosité? Nullement, puisqu'il n'a fait que répéter ce qu'il avait appris, tout simplement, dans la conversation de ses confrères les prolétaires.

Nous connaissons assez l'esprit de ces gens-là pour pouvoir affirmer qu'aucun secret n'étant confié aux Druses de la classe vulgaire, ceux-ci ne commettent point d'indiscrétion lorsqu'ils répandent naïvement ce qui n'est au fond qu'un bruit. D'ailleurs ne sont-ils pas libres de toute action pouvant être cachée par son auteur?

En revenant aux orientalistes déjà nommés, nous rapporterons leur sentiment sur la nation druse et ce sera le meilleur moyen de faire apprécier les peines que nous nous sommes données pour en acquérir la connaissance et la développer au point qu'il nous a été permis de le faire.

« La religion druse, dit M. Venture, est une énig-
« me qu'il n'est point aisé d'expliquer. Ils gardent un
« secret inviolable sur sa doctrine. Leurs livres sacrés

(1) Le baron de Tott nous apprend que des femmes druses, converties, ont dévoilé quelques-unes de leurs pratiques. P.184.

« sont conservés avec le soin le plus scrupuleux, —
« même enfouis sous terre, — et l'explication de leurs
« mystères n'est connue parmi eux que d'un petit nom-
« bre de sages (1). »

Puis il ajoute, en rendant justice à ce peuple, qu'en dehors de sa croyance, il a le mérite d'avoir longtemps conservé sa liberté au milieu du plus affreux despotisme, et que cette espèce de gloire devrait le rendre intéressant aux yeux du philosophe (2).

L'opinion du baron de Tott est précise, quoique peu étendue :

« Par la hiérarchie établie dans cette secte, toutes
« pratiques sont impénétrables aux yeux des profanes,
« leurs livres mêmes sont gardés avec soin, surtout
« celui des prêtres (le livre par excellence), il paraît
« impossible de se le procurer (3). »

M. de Sacy est, de son côté, d'avis que « les Druses
« d'aujourd'hui sont généralement bien éloignés de
« leurs institutions primitives et que même, sur cer-
« tains points de leur croyance, ils professent une doc-
« trine diamétralement opposée à celle de leurs livres
« sacrés (4). »

Il prouve cette assertion en comparant le témoignage des voyageurs avec la doctrine enseignée et il ne conserve dès-lors aucun doute sur ce qu'il a avancé.

Il a été certainement des voyageurs dont quelques

(1) Mémoires.

(2) Nous renvoyons à la fin de cette préface pour mieux faire apprécier la valeur des réflexions de cet auteur après les derniers événements.

(3) Mémoires, etc... IV, p. 133.

(4) Hist. et mém., 3. 74.

observations n'ont rien laissé à désirer, sous le rapport de la lucidité et de l'exactitude, et nous l'avons reconnu en les adoptant, les induits en erreur étant ceux ayant adopté trop aisément les informations vulgaires que le manque de temps les empêchait de vérifier.

Les impressions par nous reproduites sont confirmées par la récente publication d'un prélat ayant habité quelques années le Liban, où il s'était mis au courant de tout ce qu'on pouvait savoir sur la secte en question. Voici ses propres expressions que nous traduisons de l'italien :

« Les Druses ! eh ! qui pourrait en dire quelque chose « de certain, même sur leur propre origine et sur leur « religion ? Beaucoup en ont parlé et écrit, mais tous, « faute de documents convenables, ont dû s'en tenir « aux seules notions vagues et obscures. Moi, non « plus, qui ai pu traiter avec eux et de près, et qui « cherchai de pénétrer leurs coutumes et leurs croyan- « ces religieuses, je ne pourrais en dire davantage (1). »

Les Druses étaient, au surplus, tellement rassurés, quant à la garde de leur secret, qu'ils disaient que *l'association ne paraissait pas plus qu'une fourmi noire, sur un marbre noir, dans une nuit obscure* (2).

Nous reconnaîtrions volontiers aux fondateurs de l'unité druse le mérite du grand nombre d'éléments qu'ils ont fait concourir à cette religion, d'abord pour frapper les esprits, pour se faire beaucoup d'adeptes et enfin pour les conserver. Nous ajouterions que c'est

(1) Mgr l'évêque de Biela, page 15. Voir la table des auteurs.
(2) Man. f. 582, 1. 126.

dans ce triple but qu'ils ont profité des phénomènes célestes et terrestres, aussi bien que des merveilles du génie humain, puisque les pyramides d'Egypte ont eu pour destination d'enserrer les engagements souscrits individuellement par les Druses et que la muraille de la Chine servira de rideau à Hakem tout le temps qu'il se dérobera à son monde idéal.

Ils ont, en outre, couronné l'édifice de leur brillante organisation de la glorieuse succession des prophètes qui, commençant avec la création et finissant à la dernière incarnation de Hakem, a servi à prouver qu'une seule religion a existé dans l'univers et que c'est celle des Druses.

Cet ordre de choses était combiné de manière que « chacun des prophètes devait préparer les hommes à « une nouvelle manifestation du dogme de l'unité et « que plus cette époque s'approchait, plus aussi la re« ligion dominante, parmi les hommes, devenait spiri« tuelle et se dégageait des observances légales pure« ment extérieures [1]. »

Il est néanmoins deux points à déplorer profondément dans tout cela : le dieu complémentaire de tous les cultes n'a été qu'un modèle des plus vicieux, et les croyances par lui établies n'ont servi qu'à abrutir ses sectateurs au lieu de relever leur moral.

C'est en vain qu'on citerait le peu d'Aqqels dont les principes et la conduite contrastent avec le reste de la secte ; d'autant plus qu'on n'a pas appris qu'ils aient

(1) De Sacy, Exp., etc., II, 138.

jamais tenté d'empêcher les excès de leurs coréligionnaires, ou seulement de les réprouver.

Nous saisirons l'occasion de faire observer que si, en toutes choses, les extrêmes se touchent, à la faveur d'intermédiaires qui en sont la modification relative, ce trait d'union n'existe pas chez ce peuple arriéré et abruti par sa religion, malgré ce qu'il peut y avoir de bon dans ses principes, d'où naîtrait la conséquence que c'est un autre esprit et une sage direction qui lui manquent.

A l'égard des traits de ressemblance que présentent les doctrines druses avec les précédentes croyances, nous nous sommes borné à constater ceux non relatifs au christianisme, à quelques rares exceptions près et en cédant seulement à des raisons d'à-propos.

Le même soin a été mis à éviter de signaler tous les emprunts faits au Koran, parce qu'ils sont faciles à discerner pour tout orientaliste, de même que les chrétiens s'expliqueront une infinité de noms mystiques ou emblématiques, tels que : trône, ministre, voile, verbe, etc. Le livre dans lequel sont inscrites les actions des hommes et qui servira à les faire juger au dernier jour, n'est-ce pas notre *liber scriptus proferetur* (1) et celui annoncé dans le Koran, sur. XVIII 79 et XVIII 47 ?

La composition de l'histoire des Druses ne nous a pas été pénible, en ayant trouvé les faits rapportés dans l'œuvre de l'émir Haïdar-Chebab, sur les dynasties égyptiennes, et dans quelques auteurs arabes,

(1) Apocalypse, V. 1.

chrétiens, ceux musulmans s'étant abstenus d'ébruiter l'apostasie de Hakem, de ses ministres et de sa secte, voulant donner, au contraire, le change à leur égard, en ne citant que les mesures du kalife dans l'intérêt du mahométisme.

Si, du reste, les livres druses sont incomplets, ceux que nous possédons sont peu intelligibles dans quelques-uns de leurs passages, et c'est là une des difficultés que présente l'étude de cette secte. Il y règne surtout de l'incertitude par rapport aux époques.

En rédigeant le présent ouvrage, faisant suite à la théogonie, je suis resté le moins possible dans le vague des conjectures et lorsque j'y ai été contraint, j'ai avoué mon doute au lieu d'adopter des opinions que j'aurais dû abandonner pour d'autres toutes opposées.

Les auteurs arabes ont grandement péché sous ce rapport, et attendu que M. de Sacy a dû se régler sur leurs écrits, il se trouve avoir partagé leurs erreurs.

On verra que j'ai témoigné mon étonnement, à l'occasion du meurtre de Hakem, que Makrizi s'étant tu sur sa prétention à la divinité, n'ait dit *qu'un mot* de ses six dernières années (1).

Il nous reste à dire, avant de finir cette préface, quels sont les principes qui nous ont guidé dans ce travail.

En premier lieu, nous avons évité la prolixité des écrivains druses et, pour cela, nous nous sommes dispensé de rapporter les très-nombreux raisonnements par les-

(1) Il n'aurait pas certifié le fait rapporté d'après un auteur chrétien, si celui-ci n'eût témoigné que c'était par zèle pour Dieu et pour la religion qu'on avait assassiné le kalife.— De Sacy, I, CCCCXX.

quels ils s'efforcent d'expliquer les préceptes et les divers points de leur religion. Nous avons pensé qu'étant à peu près incompréhensibles, pour toute autre intelligence que la leur, ils ajouteraient à l'obscurité produite par les textes plutôt que de les éclaircir.

Nous avons dû néanmoins citer plusieurs de ces raisonnements captieux, autant pour faire connaître ce genre d'argumentation plein de subtilité et de ruse que pour prouver : premièrement l'usage que les écrivains druses avaient fait des règles de la logique (1) ; secondement, quel avait été leur effet sur des ignorants ou des esprits faciles à impressionner.

Nous nous sommes arrêté le moins possible aux absurdités rencontrées dans le cours de notre travail, pour ne point tomber dans l'excès que nous voulions éviter. Nous avons pensé que tout lecteur intelligent se rendrait, de lui-même, compte de l'échafaudage de raisonnements qui, loin de justifier des torts, ne font que les aggraver. Nous lui laissons surtout le soin de juger de la singulière prétention qu'ont eue les partisans du kalife Hakem de rattacher des actes de la plus ignoble dépravation à des idées de profonde sagesse. Il eût mieux valu, pensons-nous, que le sentiment de morale fût intervenu avant les indécentes pantomimes qui devaient faire appel à son concours pour les expliquer et

(1) Nous disons néanmoins, d'après l'opinion que nous avons émise de l'adoption par Hamzé de l'esprit des philosophes grecs, qu'il serait possible que ce soit à l'imitation de Platon qu'il s'est livré à ce que M. de Lamartine appelle ses arguties metaphysiques. Ce maître, au lieu de simplifier les questions par la simplicité et par la sincérité de l'argumentation, ayant semblé se complaire, pour faire preuve d'ingéniosité, de fécondité et de dialectique, à les compliquer... et à les embrouiller...

Entret., LXXXI, VIII.

les excuser. Et puis, comment croire à de pareilles combinaisons? Quoi! la raison n'a su s'exprimer qu'après les rôles joués par l'indécence et l'extravagance? Mais ce sont là évidemment de vains prétextes, qui n'ont pu être acceptés que par des gens bornés ou des esprits prévenus. Le bruit de ces excentricités scandaleuses ayant retenti à des oreilles peu disposées en faveur du culte naissant, il fallut leur donner un ton de décence et même d'édification.

N'adoptant pas, sur ce point, le parti de M. de Sacy de publier fidèlement les termes impudiques des livres druses, je les ai réunis, avec mes explications, dans un fascicule qui sera imprimé séparément, afin de n'être communiqué qu'aux lecteurs sérieux.

Avant de nous livrer à une digression au sujet des troubles qui, en 1860, ensanglantèrent la Syrie, j'ai besoin de prévenir que si j'en veux à l'administration ottomane, c'est qu'elle est loin d'avoir été améliorée, dans les provinces, au point que l'auraient annoncé certains rapports.

A force d'entendre préconiser autrefois les réformes des Turcs et leur civilisation, sans que je m'aperçusse de beaucoup de changements notables autour de moi, — j'étais alors à Alep, — j'écrivis à un ami, habitant depuis plusieurs années Constantinople et bien capable d'apprécier ce qui s'y passait, et à ma demande, « si les bienfaits dont le bruit se répandait

« avec tant d'éclat devaient uniquement profiter à la « capitale et à quelques villes voisines, » Il me fit à peu près cette réponse : « La proclamation des fameuses « réformes a également frappé mon oreille ; mais at- « tendu qu'on n'en éprouve pas plus les effets à Stam- « boul que de vos côtés, je pense que pour en trouver « la trace il faudrait remonter au siége du gouverne- « ment et pénétrer même dans ses archives, car elles « ont positivement été arrêtées en principe. »

Si, il y a vingt ans, on avait taxé ces propos d'hyperbolisme, qu'en dirait-on aujourd'hui? Il est bon cependant de remarquer que, l'avant-veille du départ du sultan pour l'Egypte (le 2 avril 1863), on écrivait de Constantinople :

« La Porte fait partir pour toutes les provinces de « l'empire des commissaires extraordinaires dans le but « de s'enquérir des abus qui s'y commettent, de leurs « besoins, des améliorations qu'on peut y introduire, « etc., etc. »

Tout ne va donc pas le mieux du monde dans le plus heureux des états, puisque des réformes y sont très-urgentes? L'aveu des autorités ordonnant ces mesures, au moment où le souverain va visiter quelques provinces, en est la meilleure preuve.

Nous pouvons, au surplus, en ajouter une sur la permanence des abus et nous la trouvons dans les souvenirs d'une commission envoyée en Asie-Mineure et qui est rapportée par la *Revue des Deux Mondes* du 1ee mars 1863 :

« L'Imam se plaint de la lourdeur des impôts. Il pré- « tend qu'au moyen de surcharges et de rapines de

« toute sorte, on en est venu à leur faire payer jusqu'à
« 1000 piastres par maison. Pour un petit jardin qu'il a
« à Nalichan et qui peut lui rapporter jusqu'à 500 pias-
« tres, on lui demande 100 piastres, 20 pour cent du
« produit. — Mais il faut réclamer ? — A qui? répond-
« il d'un ton qui montre combien il est profondément
« convaincu qu'il n'y a pas, dans tout l'empire, de se-
« cours pour les faibles et les petits, contre les injusti-
« ces des grands et des gens en place. Rien ne démora-
« lise et n'affaiblit un peuple comme d'en être venu à
« ne plus croire à la puissance du droit. C'est ce danger
« moral qui m'effraie pour ce peuple-ci plus que la
« lourdeur de l'impôt. » Page 118. — *Souvenirs d'Asie-Mineure*, par M. G. Perrot.

Cette relation pouvant être accusée d'exagération, nous aurons recours à un témoignage digne de toute confiance et je suis d'autant plus aise de m'y rapporter, moi-même, qu'il est rendu à la suite d'un voyage en Syrie ; seulement il date de 1860, ce qui n'est cependant pas bien éloigné de nous. Le voici :

Témoin pendant plusieurs années de l'incroyable incurie des pachas et des agents militaires, de leur incapacité profonde et de leur rapacité éhontée. M. Porter ne peut contenir une parole d'indignation : « En
« vérité, s'écrie-t-il, la politique des Turcs ne peut
« se comprendre... Ici (à Damas) comme partout,
« les Turcs n'ont pas le moindre souci du bien-être du
« peuple non plus que de l'amélioration du pays.
« Pourvu qu'il puisse arracher au pauvre paysan jus-
« qu'à sa dernière piastre, un sordide pacha, qui a
« acheté sa place et ne songe qu'à se récupérer, s'in-

« quiète fort peu que le sol se change en désert, les cul-
« tivateurs en mendiants et que les villes et les villages
« tombent en ruine. »

(M. Vivien de Saint-Martin, 27 novembre 1860).

Les funestes événements dont le Liban a été depuis vingt ans le théâtre nous obligent à mettre en évidence : En premier lieu, l'hypocrite sympathie des Druses envers toute nation dominante et particulièrement pour les chrétiens vis-à-vis desquels ils se trouvent dans une très-notable infériorité numérique, intellectuelle et industrielle, et en second lieu, la faute impardonnable de s'être privés du seul appui qu'ils avaient contre leurs ennemis pour se livrer, sur de perfides conseils, à une vengeance stupide.

Dans un ouvrage récemment publié sur la Syrie (1), nous avons essayé d'indiquer la cause de l'esprit de vertige qui, rompant les anciens liens ayant longtemps préservé les habitants du Liban, en avait affaibli les deux grands partis au profit d'autorités connues jusques-là par leurs injustices et desquelles on ne devait nullement se promettre de la bienveillance.

Si les Druses avaient seulement réfléchi à l'état d'abandon et de souffrance dans lequel les pachas laissaient leurs propres pays, se seraient-ils jamais livrés à l'espoir d'en obtenir quelques avantages ? Ils ont pourtant échangé une position satisfaisante contre une autre qui ne le sera sans doute pas ; en sont-ils convaincus ?

(1) *Esquisse de l'état politique et commerciul de la Syrie.*

Ce peuple jadis heureux, par son union avec les Maronites, n'a fait qu'errer de crimes en crimes depuis 1841, pour en venir aux forfaits dont l'horreur a justement épouvanté l'Europe en 1860.

Tout lecteur impartial, en apprenant que les Druses sont doués d'un esprit de modération, sera forcément amené à conclure que si ce peuple circonspect a pu sortir de son caractère essentiellement prudent, ç'a dû être à l'incitation de conseils malveillants.

On se demandera, dès-lors, ce qu'ils ont gagné au terrible essor de leurs passions haineuses et ce qu'ils en attendent encore !

Il est vrai qu'aux yeux des Druses, les crimes par eux commis sont loin d'être irrémissibles. De nombreux juges de notre Occident ne les en ont-ils pas absous, quoiqu'ils ne fussent les adeptes de Hakem ni de Darazi ?

Mais le sang répandu à grands flots laissera des taches indélébiles. Que les Druses songent donc à ces revirements si fréquents dans les destinées du monde et des hommes. Tout vainqueur insolent travaille bien plus à sa perte que n'y contribueraient ceux qui ont une juste revanche à prendre.

En s'aliénant les chrétiens, les Druses n'ont fait qu'accroître le nombre de leurs ennemis en Syrie : Le Nord étant habité par les Kurdes et les Nesseiris, le Sud par des Métoualis, et l'Est par les Bédouins, dont les hordes innombrables sont une menace imminente contre cette province, qu'elles ravageraient sans distinction de nationalité ou de croyance. L'alliance des habitants du Liban les protégeait seule contre une pareille invasion.

Ce furent les Maronites qui, vers 1516 (1), rappelèrent les Druses dans leur montagne pour s'en faire des auxiliaises contre les attaques de ces mêmes Arabes et surtout des Métoualis, leurs voisins et concitoyens, mais voulant s'en rendre entièrement les maîtres (2).

Les Druses avaient dû quitter les environs de Damas et c'était en cherchant un asile que, sur l'offre des chrétiens, ils se replièrent en partie vers eux, s'étant aussi établis dans la montagne *El Adla*, entre Alep et Antioche.

Depuis lors, chrétiens et Druses vécurent en paix à la faveur de l'indépendance qu'ils devaient à leur concorde autant qu'à leur isolement, car lorsque Amurat III entreprit de les soumettre, il n'y réussit qu'en profitant d'*une mésintelligence survenue entre les deux nations* (3). Aurait-il songé, sans cela, à s'emparer de leur montagne, puisque la conquête lui en avait paru jusques-là impossible?

Cette rude leçon précipita les Druses dans la plus affreuse position, les Ottomans s'étant principalement

(1) Cette date ferait supposer qu'une émigration en masse les aurait éloignés du Liban, puisque nous avons rapporté qu'ils y trouvèrent un refuge dans le onzième siècle. Les temps qui suivirent furent féconds en grands événements, la Syrie ayant été longtemps comme le champ clos des nations belligérantes de ces époques venant s'y livrer leurs combats.

(2) «Un motif plus puissant leur commanda alors de se prémunir contre Sélim Ier, méditant la conquête de la Syrie et de l'Egypte, et s'ils n'en éprouvèrent aucun malheur, ils le durent à leur empressement de courir au devant du sultan et de l'aider à prendre Damas » (De Lamartine, *Hist.* IV. 177.)

(3) De Lamartine, *Hist.* V. 174.

appesantis sur eux, attendu qu'ils avaient le pouvoir, que les troubles du moment leur furent imputés et que le débarquement des troupes s'opéra à Seyde et à Beyrout, qui sont proprement les deux villes d'où l'on se rend aux pays druses.

Ils parvinrent pourtant à un peu se relever, par la suite, mais ce fut pour retomber dans les horreurs de l'anarchie, la nation s'étant divisée en deux partis appelés *Qaïs* et *Yémen*, dans lesquels ils entraînèrent les autres habitants du Liban. Les Druses furent, toutefois, les seuls à pousser les choses à l'extrême et, à la suite de plusieurs combats acharnés, les vaincus durent se réfugier chez leurs coréligionnaires du nord de la Syrie.

A la chute du fameux Fakhreddin, qui fit suite à tous ces malheurs, le gouvernement du Liban passa à des princes chrétiens et la sagesse de leurs actes en inspirant la modération aux Druses les maintint dans une bonne entente avec les Maronites, jusqu'aux fatales époques auxquelles nous nous sommes déjà rapportés (1).

Il était bien prouvé, au surplus, qu'un petit nombre de Druses ne fréquentaient les mosquées, dans les villes, et les églises, à la montagne, que par pure convenance ou par une sorte de superstition — étant aussi éloignés des doctrines du Koran que de celles de l'Evangile, — et que s'ils affichaient une certaine prédilection pour les chrétiens — sentiment qu'on avait cru à demi-sincère de leur part à cause qu'ils font dépendre leur délivrance

(1) Voir *Beyrout et le Liban*, II, 124, et *Esquisse de la Syrie*, page 279.

du joug ottoman du triomphe définitif de la croix sur le croissant, — il n'est plus permis de s'arrêter à une pareille supposition depuis les horribles massacres de 1841, 1844 et 1860, les atrocités des Druses envers les Maronites et les Grecs-Unis, si longtemps leurs alliés, nous faisant une loi de ne voir en eux que de misérables idolâtres chez lesquels l'humanité plaiderait vainement ses droits, leur religion n'inspirant qu'un froid et inexorable égoïsme.

Si les chrétiens ont ainsi de puissantes raisons de révoquer en doute la dévotion des Druses, pour leurs églises, les musulmans se rappellent les imprécations affichées dans les mosquées et sur les murs du Caire contre Mahomet, ses compagnons et successeurs, de même que la profanation sacrilége des sépultures des Kalifes morts en Egypte.

Ils n'ont pas oublié, non plus, que le prône dans les mosquées, le sacrifice de leurs fêtes et leurs autres préceptes avaient été abolis par Hakem.

Divers passages par nous traduits, des écrits Druses, nous autorisent, néanmoins, à croire qu'à l'égard des chrétiens la déférence dont ils furent longtemps l'objet eut pour mobile la reconnaisance, puisque c'était dans leur sein que, lors des persécutions, ils avaient trouvé l'accueil le plus franc en Egypte comme en Syrie. Nous devons également considérer que l'autorisation de se montrer sympathiques aux nations prépondérantes, était toute politique, quant aux musulmans, que les Druses ne voyaient dans les villes qu'en passant, tandis qu'elle devait être cordiale à l'égard des chrétiens leurs concitoyens.

C'est là une preuve de plus que la malveillance a pu seule porter atteinte à la bonne harmonie ayant constitué l'union, la force et le bien être des deux nations.

Un amendement moral semblerait presque impossible chez les Druses, puisqu'en se laissant corrompre l'esprit ils se sont nouvellement livrés au fanatisme, pour l'unique *bonheur* de satisfaire une passion effrénée, la tolérance accordée à l'assouvissement de leurs désirs ne les obligeant qu'à une feinte pudeur pour sauver les apparences.

Ce sont ces raisons qui font obstacle à toute tentative de conversion sérieuse des Druses au christianisme, surtout dans la classe vulgaire, puisque après la liberté de tout faire, à la seule obligation de cacher leurs méfaits, ils se trouveraient placés sous l'empire de la plus grande réserve.

Un missionnaire, qui les a connus, a jugé la classe des *ignorants* peu propre à embrasser une religion incriminant toute transgression des commandements et même les aspirations mentales, mais il a trouvé, par contre, que les *sages* offraient plus de chances à une solide conversion, par leur habitude de réfléchir sur toutes choses, par le soin qu'ils mettent à faire tourner leur conduite et leur extérieur décent, ainsi que leurs bonnes inclinations, à l'édification du prochain.

C'est pour ce motif que les seules conversions qui aient réussi dans le Liban, ont été celles des Druses instruits, parce que, ne vivant pas d'une manière déréglée, ils avaient compris que la retenue exigée par la doctrine chrétienne était tout en faveur du bien être général de la société dont ils étaient les membres.

L'union des habitants ne les rendit pas seulement redoutables à leurs ennemis ; elle empêcha qu'ils ne fussent tyrannisés. Les Pachas de la Syrie s'en préoccupèrent tellement, qu'ils cherchèrent à la rompre, par tous les moyens qu'une politique ténébreuse leur suggérait. Mais ils ne purent y parvenir par la grande subdivision de l'autorité de cette province, la Porte partageant alors, entre plusieurs gouverneurs, le pouvoir qu'elle appréhendait de confier à un seul.

On sait qu'à cette époque chaque chef d'arrondissement entretenait à ses frais les gens armés dont il avait besoin et que la lésinerie faisait qu'ils disposaient de moyens coërcitifs insuffisants.

Ce fut seulement vers la fin du dernier siècle que le fameux Dgezzar parvint, à force d'intrigue et de sacrifices, à se faire donner l'investiture de plusieurs pachaliks et qu'il put envahir la Montagne.

Depuis ce temps les Druses ont été quelques fois rebelles à l'autorité et, s'ils avaient la pensée de le redevenir, il serait à craindre que les troupes ottomanes ne parvinssent pas facilement à les réduire dans les pays par eux occupés, le Ledja surtout, sans compter que les Arabes — autres ennemis des Turcs — pourraient leur venir en aide, par suite du droit de *Khoué* (confraternité) qui existerait entre eux, sorte d'alliance que les Bédouins contractent volontiers avec leurs voisins.

L'impunité des Druses a été, en conséquence, blâmable à plus d'un titre : comme déni de justice et comme encouragement à des gens uniquement retenus par la crainte dû châtiment.

Nos regrets sont d'autant plus vifs, à ce sujet, que ce

crime de lèse-humanité et de lèse-raison a eu pour effet de sanctionner le ravage d'une partie de la Montagne — pays modèle d'ordre et d'activité — et le massacre d'un grand nombre de chrétiens, sujets fidèles du Sultan (1).

Quel spectacle navrant pour un souverain, ayant entrepris de civiliser son empire et promis une égale justice à tous ses habitants !!!

(1) Nous invoquons avec bonheur le témoignage d'autrui lorsque nous y trouvons des preuves qui nous dispensent de les faire dépendre de nos propres assertions ; aussi nous empressons-nous de rapporter ici l'opinion de M. Perrot, auteur déjà cité, sur ce qu'il y avait de bon dans le régime de la Montagne du Liban et sur l'infaillibilité de son malheur, maintenant qu'elle est régie par des autorités sans zèle pour leurs administrés et sans contrôle qui les retienne dans leurs concussions

« Jamais le Liban, dit-il, ne trouvera, sous l'autorité im-« médiate de la Turquie, la prospérité dont il jouissait sous les « princes de la famille Chehab. La raison de ce contraste est « facile à saisir. Pour peu qu'ils eussent quelque intelligence, ces « souverains locaux, toujours menacés par des voisins jaloux et « par la haine du Sultan et de ses visirs, devaient bien vite sentir « qu'ils avaient tout avantage à s'attacher les populations et à « ménager la province où ils prétendaient établir une dynastie et « perpétuer la domination de leur race. Leurs intérêts se confon-« daient donc, dans une certaine mesure, avec ceux de leurs « sujets, et ce n'est qu'en agissant d'après ce principe que plu-« sieurs d'entre eux étaient arrivés, dans le cours du dernier « siècle, à se créer des royaumes parfois assez étendus et très-« florissants. » — *Revue des Deux Mondes* 1863, page 580.

LA NATION DRUSE.

PREMIÈRE SECTION.

HISTOIRE.

Le nom de Nation, donné à la secte Druse, paraîtrait impropre sans la considération qu'elle eut ses princes, ses lois et que, par son autonomie, elle acquit une certaine importance. Cependant, comme les Druses firent partie intégrante des habitants arabes de l'Egypte, leur qualité de peuplade à part n'a pu dater que de l'époque où, cessant de compter parmi les disciples de Mahomet, ils adoptèrent les doctrines de leur dieu Hakem, quoique continuant à conserver une apparence de musulmanisme.

Il résulte de ces réflexions que les faits se rattachant à cette nation ne prennent naissance qu'à l'avènement de ce Kalife et que son histoire commence, par conséquent, avec la vie de Hakem.

C'est pour ce motif que nous débutons par en tracer les principaux traits, dans la première partie de cet ouvrage, devant consacrer la seconde à ses successeurs, les véritables auteurs de la religion des Druses.

VIE DE HAKEM,

Kalife d'Egypte.

Hakem, fils d'Aziz-Nézar, né au Caire, le 23 Rebii-premier de l'année hégiriène 375 (14 août 985), succéda, dès l'âge de onze ans, à son père et fut le sixième (1) Kalife fatimite.

L'usage de donner aux princes régnants des surnoms, en rapport avec leurs noms, fit choisir pour Hakem — *commandant* ou *juge* — celui de *Bi-amer-allah* (2), par l'ordre de Dieu, et cela assigna une source divine à son autorité.

L'espèce d'adoration dont il était l'objet, par son kalifat, troubla d'autant plus vite l'esprit du jeune souverain, que les extravagances de toute sa vie, en prouvant qu'il avait le cerveau dérangé, ont fait dire qu'il ne fallait pas assigner des motifs à ses actions, puisque ses rêveries et ses folies n'étaient susceptibles d'aucune explication sérieuse.

L'incohérence de ses idées et de ses sentiments l'ont toujours empêché de suivre aucune règle, et sa conduite a

(1) Basnage veut qu'il ait été le troisième kalife, en ne comptant que ceux nés en Egypte, et que ce soit en 996 que son père l'ait laissé en tutelle. IX. IV. 21.

D'autres auteurs diffèrent aussi sur l'ordre des kalifes de cette dynastie, dont le premier a été Obeid allah-Mehdi. Moezz fut le quatrième, qui transféra le siége du gouvernement, de *Mehdié* au Caire et le premier qui prit le titre de Fatimite, de là les deux points de départ. Selon l'opinion que nous avons adoptée, les noms sont ainsi rangés : Obeid-allah, Kaïem, Mansour, Moezz, Aziz, Hakem.

(2) Les livres religieux des Druses donnent un sens mystique à ces mots. Le Koran, selon eux, leur attribue seulement sept significations, concernant des personnes louables et blâmables.

Pétis de la Croix, *man. fr.* 582. l. 92.

été en tout point surbordonnée aux inconséquences d'un caractère sans fixité.

« Hakem était d'une taille moyenne et d'un aspect à la « fois gracieux, fier et imposant. Son goût pour les scien- « ces, ou plutôt son ambition effrénée du pouvoir, l'avait « rendu géomètre, physicien, astronome, sans réformer « son naturel. Avec de l'activité, du courage, de la géné- « rosité, il se montra toujours cruel, présomptueux et, à « l'exemple de Pharaon, au temps de Moïse, il poussa « l'impudence jusqu'à se faire passer pour Dieu in- « carné » (1).

D'après Sévère, évêque d'Oschmouneïn, « ce prince avait « l'aspect aussi terrible qu'un lion, ses yeux étaient « grands et d'un bleu rembruni ; on ne pouvait soutenir « son regard ; sa voix était forte et effrayante ; son carac- « tère était la bizarrerie et l'inconstance jointe à la « cruauté, et l'impiété unie à la superstition. Il adorait, « dit-on, d'une manière spéciale la planète de Saturne. « On assure que dans le cours de son règne, 18,000 per- « sonnes furent victimes de sa férocité.» (2).

Contrairement à l'habitude des potentats d'Orient il se produisait facilement en public, et ses excursions à la campagne étaient fréquentes. Aussi, pour empêcher que ses apparitions, trop répétées, ne nuisissent au respect qu'on lui devait, le faisait-on précéder de hérauts qui l'annonçaient de la manière la plus emphatique, en obligeant les passants de se prosterner dès qu'ils le voyaient.

Il avait ordonné que lorsque l'*Imam* ferait mention de lui, du haut de la chaire, on eut à se lever par déférence pour son nom, et pour rendre hommage à sa puissance. La

(1) Régnault, page 10.

(2) De Sacy. *Eup.* I. CCCCXXIX.

D'après l'influence qu'on attribue en Orient aux diverses planètes, Saturne était le patron des voleurs et des escrocs. — M. Reinaud. mon. II. 378.

On ne comprend pas, d'après cette explication, pour quel motif Hakem se serait mis sous sa protection.

même cérémonie fut observée dans tous ses états, sans en excepter les deux villes saintes (1).

Il disait descendre d'Ali, fils d'Abou Thaleb, qu'il appelait son père, et de Fatime, fille de Mahomet, qu'il nommait sa mère. C'était sur cette raison que se fondait son droit au kalifat général usurpé par les Abassides.

Le récit de sa généalogie faisait tous les vendredi le sujet d'une communication au peuple assemblé pour la prière.

Cependant, par une de ces contradictions, si communes dans sa vie, il avait défendu qu'on se servît, dans les discours, ou les écrits, qui lui étaient adressés, des mots : *notre maître* ou *notre seigneur*, et c'était sous peine de mort qu'on devait s'en abstenir. Il se contentait, disait-il, du titre de *prince des croyants* qu'avaient pris les Kalifes ses précédesseurs.

Par la suite il ne voulut plus qu'on lui baisât la main, ou l'étrier quand il était à cheval, ni qu'on se prosternât devant lui.

Son habitation de prédilection était un souterrain (2) dans lequel personne ne devait le suivre et s'il devait parler à quelqu'un il sortait par une porte donnant sur un jardin.

En continuelle opposition avec lui-même, il était courageux et intrépide, puis pusillanime et craintif : il faisait périr les savants, quoiqu'il aimât les sciences, et tandis qu'il avait un grand penchant pour la sagesse, il sacrifiait les honnêtes gens. Sa générosité se manifestait par de nombreuses largesses et pourtant il lésinait souvent sur de minces intérêts.

On l'accusait également d'être opiniâtre dans ses actions et ses propos.

Nous ne retracerons que rapidement les deux évènements qui signalèrent le commencement de son règne. Un

(1) La Mecque et Médine.

(2) Il chercha sans doute à imiter Pythagore, dont la vie a dû lui être connue, mais si le kalife eut d'abord quelque analogie avec le philosophe grec, ses vices l'en éloignèrent entièrement après. *Voir* fascicule I.

certain *Ebn Ammar* donna lieu au premier et *Bardjeouan* au second. L'un revêtu d'un pouvoir considérable, se révolta contre son maître, menaça même de le détroner, en disposant des forces qui lui obéissaient, mais il fut vaincu grâce à l'habileté de l'autre, le tuteur du jeune Hakem . il fit pourtant périr celui-ci *parce qu'il ne lui montrait pas de l'affection.*

Ce Bardjeouan, qui gouverna l'empire avec sagesse. avait inspiré de bons sentiments au peuple et ils éclatèrent à sa mort par des murmures et quelques mouvements tumultueux.

Le kalife sentit tellement son tort, d'avoir sacrifié son ministre, cherchant à le redresser de ses mauvaises allures et à le retirer de ses vices, que n'ayant à présenter pour excuse que la découverte d'une intrigue de son tuteur contre lui, il implora, en faveur de son jeune âge, la compassion de ses sujets ameutés et il accompagna ses supplications des larmes du repentir.

Hakem n'avait pu souffrir que Barjeouan régnât à sa place, lorsqu'il était lui-même indigne du pouvoir suprême.

S'étant d'abord montré très-rigoureux en matière de police, il vérifiait personnellement, par de fréquentes tournées, si ses ordres étaient exécutés. Des esclaves qui le suivaient s'emparaient de tout délinquant, souvent pour le punir de mort. Mais cette justice précipitée péchait toujours par trop de sévérité, le caractère du juge excluant d'ailleurs tout sentiment de clémence.

La vente de la *Méloukhia*, épinard égyptien, des lupins et de la roquette, fut sévèrement prohibée. Les motifs étaient ceux-ci : La Méloukhia plaisait à *Moaviah*, kalife ommiade, et Aïché, l'une des femmes de Mahomet, avait aimé la roquette.... La raison qui fit interdire les lupins n'est point parvenue jusqu'à nous (1).

(1) Empédocle déclara la fève et le laurier inviolables. Platon se borne à prendre les fèves en aversion. *Dict. — des Sc. phil.* II. 214

Le débit du poisson sans écailles fit aussi partie de ses interdictions, de même que l'abattage des bœufs, hors le cas de maladie.

Les hommes qu'on surprenait mangeant les légumes défendus étaient fouettés eu plein marché, et pour que leur exemple servît aux autres, on les promenait dans les rues du Caire, puis on les décapitait.

Il interdit pareillement le commerce des fruits secs et des dattes fraîches — comme étant propres à la distillation — et il ordonna de détruire un grand nombre de vignobles. Les terrains furent labourés par des bœufs.

Le miel eut le même sort, à cause de sa nature fermentiscible, et tout ce qu'on en trouva au Caire fut jeté dans le Nil On brisa les jarres qui le contenaient. Des amas considérables de raisins secs devinrent la proie des flammes.

Par suite de sa bizarrerie, il se laissa citer en dommages-intérêts pour la valeur de grandes quantités de miel et de raisins qu'un marchand déclara n'avoir importées qu'en vue d'une consommation licite, et il lui paya la somme à laquelle le kadi osa le condamner ; sans que ce juge et le négociant aient eu à se repentir : l'un de rendre la justice, l'autre d'en avoir profité.

Le commerce des boissons enivrantes, qui était l'objet principal de ses défenses, et le débit des poissons sans écailles, donnaient tous les ans lieu à de nouvelles ordonnances, dont l'infraction fut toujours suivie de la peine capitale.

Il permit, toutefois, la vente du raisin aux particuliers, mais en la limitant à de petites quantités, pour qu'ils ne pussent pas en extraire le jus (1).

Il voulut que nul ne fermât sa maison, ni sa boutique, le jour comme la nuit, et il n'en résulta aucun dommage. La sûreté publique n'en fut que plus complète.

(1) Mahomet n'avait fait que *conseiller* de s'abstenir des boissons enivrantes, tandis que Hakem les défendit absolument, comme étant « la réunion de toutes sortes de maux, qui conduisent aux « actions les plus détestables.» De Sacy, *Chrest.* I, 350.

Les nombreuses et fréquentes exécutions qu'il ordonnait, faisaient que ses prescriptions étaient religieusement observées.

La coutume qu'avait le kalife de sortir la nuit, suggéra à ses partisans l'idée — pour rendre ses courses plus agréables — de faire éclairer les rues (1), en engageant les marchands à se tenir dans leurs boutiques pour ranimer davantage les bazars, surtout en y conduisant des musiciens; mais comme tout devait être incohérent dans ce qu'il faisait, ou ce qui lui plaisait, il ne tarda pas de défendre même que les hommes circulassent la nuit, de sorte que la ville passa d'une grande animation au calme le plus profond (2).

Les mesures concernant les femmes atteignirent un tel degré de rigueur, qu'il fut jusqu'à leur interdire de se montrer hors de leurs domiciles.

En premier lieu, c'était le visage découvert qu'elles devaient s'abstenir de sortir, même pour suivre les enterrements, leur voile devant couvrir entièrement leurs parures, mais quelques infractions donnèrent lieu à des actes inhumains à leur égard, comme celui de fermer les bains dans lesquels elles s'étaient réunies, clandestinement, pour les ablutions prescrites par Mahomet (3).

Puis vint la défense formelle de fournir des chaussures aux femmes, et les cordonniers ne travaillant que pour ce sexe durent cesser leur industrie.

Étroitement consignées dans leurs maisons, les femmes ne devaient y introduire les objets nécessaires à leur entretien, qu'au moyen de pelles à long manche, leurs portes

(1) D'après D'Herbelot, ce fut Hakem qui ordonna que toutes les nuits les maisons et les boutiques fussent ouvertes et éclairées, p. 411.

(2) Il fit défendre de vendre et d'acheter après le coucher du soleil, ce qui rendit les chemins déserts. — De Sacy, *Chrest.* I. 73.

(3) « Les bains étaient murés subitement et le tyran prenait « plaisir à entendre le cri de désespoir des malheureuses victi- « mes. » — De Sacy, *hist. et mem.* III, 85.

n'étant entr'ouvertes qu'en proportion de ce qu'elles avaient à recevoir ou à donner. Il fallait surtout qu'elles se gardassent de montrer leur visage, ou leur main, et de parler. Les marchés se concluaient au moyen des prix écrits sur un *papier* ou une tablette.

Les rigueurs exercées envers ce sexe vinrent à la suite de faveurs excessives précédemment accordées (1).

L'extrême versatilité de Hakem s'est ainsi montrée dans tous ses actes.

Il obligea les chrétiens et les juifs à porter la ceinture distinctive de leur religion (2) et qui était bleue pour les uns et jaune pour les autres.

Ils devaient, en outre, suspendre à leur cou : les chrétiens, une énorme croix en bois, et les juifs, un tronçon d'arbre long et pesant (3) ; tandis qu'un bonnet noir couvrait leur tête. Ne pouvant aller qu'à pied, dans les villes, il fallait qu'ils évitassent de s'approcher d'un musulman, fût-il même à cheval et de monter une barque commandée par un mahométan.

Il leur assigna des bains où ils devaient entrer avec leurs croix et billot.

Par une mesure générale, qui concernait aussi les musulmans, on ne pouvait se rendre aux bains que munis d'un caleçon Les contrevenants étaient sévèrement punis, comme pour toutes les autres infractions.

Ayant forcé les chrétiens et les juifs d'embrasser l'islamisme, il leur permit, quelque temps après, de retourner à leur foi.

(1) M. de Sacy. rapporte d'après un écrivain, qu'il croit être Béhaeddin, que la réclusion des femmes eut pour but de figurer le silence des ministres de la religion. — *Fasc.* 2.

(2) D'après le livre *Sad-Der*, qui contient un abrégé des préceptes moraux de Zoroastre, Dieu a commandé de prendre la ceinture parce que c'est le signe de l'obéissance. *Beausobre* I, 198.

Le même auteur dit que les chrétiens d'Asie furent obligés, sous les kalifes et autres princes, de porter une ceinture en cuir. C'était donc un signe de soumission.

(3) Le bout était arrondi et représentait la tête d'un veau. (Voir ce qu'il en est dit à la IIIe sect.)

Sept mille individus reprirent à cette occasion leur religion en une semaine.

La permission que les chrétiens avaient obtenue des kalifes, de célébrer publiquement leurs fêtes, même avec le concours des musulmans, cessa entièrement sous Hakem.

Les chrétiens devinrent, au contraire, à plusieurs reprises, l'objet de ses persécutions particulières, et lorsqu'il fit détruire leurs églises (1), que les soldats dévastèrent, un grand nombre de ceux qui les fréquentaient furent mis à mort. Par un raffinement de cruauté, l'exécution n'avait lieu qu'après la section des bras. Il donna, en même temps, l'ordre de démolir le grand temple de Jérusalem, connu sous le nom d'église de la Résurrection.

Le patriarche Zacharie, que les écrivains qualifient de saint, devint l'objet des plus cruels outrages. Pour forcer les bêtes féroces à le dévorer, on fut jusqu'à l'envelopper de peaux de moutons fraîchement tués et à l'enduire de leur sang. Il échappa par un dernier miracle à son tyran et quoique vieux il lui survécut longtemps.

S'il laissa à des chrétiens et à des israélites la faveur de rester à son service, ce fut à cause de leurs spécialités, dans l'art de tenir les comptabilités et dans la finance; mais ces employés ne tardèrent pas à éprouver le funeste effet de l'atrocité du maître. La mise à mort de quelques-uns devenait l'occasion d'un raffinement de cruauté, surtout lorsqu'il s'obstinait à vouloir leur apostasie (2). Croyant cependant, les chrétiens et les juifs susceptibles de plus d'équité que les musulmans, il institua des tribunaux

(1) Il y en eut, dit-on, jusqu'à la fin de 405, plus de *trente mille* de détruites et pillées dans l'Egypte et la Syrie Les propriétés qui dépendaient des églises furent réunies au domaine public. Avant de les faire démolir, il avait ordonné qu'on bâtît au-dessus des espèces de minarets d'où se faisait l'appel à la prière.

(2) Voir la fin cruelle d'Abon Nédja, dans l'exposé de Sacy. CCCIV.

mixtes (1) qui devaient entendre même les plaintes contre les vrais croyants.

Le découragement qui en résulta donna lieu à une si grande clameur, que les nouveaux juges durent être sacrifiés.

Le moyen de contrainte, qui eut la plus désastreuse efficacité, fut la cessation absolue de tout rapport de la population musulmane avec les chrétiens et les juifs, parce que ceux qui ne purent résister à cette rigueur renièrent leur foi.

La sévérité des mesures que Hakem faisait peser sur les deux nations, porta un jour quelques individus à l'attendre, dans un lieu qu'il fréquentait habituellement, et s'étant jetés à ses pieds, ils le conjurèrent d'écouter leurs doléances. Il y accéda pour le lendemain au soir, les engageant à conduire avec eux les personnes les plus instruites de leurs religions.

A cette seconde entrevue, Hakem répondit aux plaintes exposées, mais il éleva une prétention si inattendue et si dangereuse, pour ceux qui l'écoutaient, qu'ils furent obligés de se retirer sans proférer un seul mot.

Hakem leur avait rapporté une tradition musulmane, d'après laquelle Mahomet aurait fait un pacte avec les juifs et les chrétiens, n'ayant pas voulu croire en lui, parce qu'il ne s'appelait point *le Paraclet*, et qu'il l'avait devancé de 400 ans. L'accord consistait à lui payer un fort tribut jusqu'à l'expiration de ce terme. Alors une de ces deux choses arriverait : Le pouvoir leur serait rendu, si l'avènement de celui qu'ils attendaient avait lieu, puisqu'il donnerait tort à Mahomet, ou si l'attente était déçue, celui qui le représenterait les engagerait nouvellement à passer dans sa religion, ou les exterminerait s'ils s'y refusaient.

Les juifs et les chrétiens résistèrent à cette itérative invi-

(1) L'histoire arabe des dynasties égyptiennes, dans lequelle j'ai puisé une grande partie de mon travail, rapporte que les tribunaux en question furent purement chrétiens et israélites et, elle ajoute, qu'ils eurent pour effet d'arrêter entièrement le commerce.

tation d'adopter la foi musulmane, et ils préférèrent se retirer en Grèce ou dans la haute Égypte (1).

Ce fut à l'occasion d'une expédition contre les habitants d'un district rebelle à son autorité que, cédant à des sentiments d'aversion pour les premiers kalifes, il fit publier des imprécations contre ces compagnons du prophète.

En sa qualité de descendant d'Ali, cousin et gendre de Mahomet, Hakem se ressouvint du droit de sa dynastie au kalifat usurpé par Abou-béker, Omar, Osman et leurs successeurs, et loin de se borner à ces injures il ordonna de violer les tombeaux des Ommiades et des Abbassides pour brûler leurs ossements et en jeter la cendre au vent.

Il revint néanmoins de ses rigueurs, aussitôt qu'il eut soumis les Arabes qui lui avaient résisté, et il fit effacer les imprécations confiées aux murailles contre les chefs musulmans.

Les excentricités, comme les atrocités de Hakem, ont été innombrables. Nous nous bornerons à en citer encore quelques-unes.

En ce qui le concerne :

Il se vêtit sept ans d'habits de laine noire et il laissa croître ses cheveux (2) pendant un pareil espace de temps. Sa mise était des plus modestes et un simple tissu blanc entourait sa tête. Il vécut sept ans à la lumière des bou-

(1) M. Venture veut que la décision du kalife ait été moins rigoureuse à l'égard des chrétiens et je le crois dans l'erreur, les faits ayant prouvé le contraire; voici ce qu'il rapporte.
« Vous avez des livres sacrés, a dit Hakem, dont vous suivez « la doctrine et les préceptes et je ne ferai jamais violence à « ceux qui ont de pareils livres. Ma mission n'est pas de detruire « votre culte mais bien le paganisme. Lorsque dans mes conquê- « tes je rencontre des idolâtres, j'ai à leur proposer ma loi ou la « mort. Pour ceux de votre religion, mon devoir se borne à les « inviter à croire à l'alcoran, ou à leur donner la liberté de rester « dans leurs opinions, en payant le tribut. Celui qui se soumet « sans murmurer à cette imposition et qui ne cherche point à « troubler l'ordre civil, je lui laisse le paisible exercice de sa « religion et la jouissance des biens qu'il possède. » — *Mém.* p, 93.

(2) Les cheveux indiquent la voie extérieure de ceux qui entendent les passages du Koran à la lettre. — *Epit. sur les Myst. qui ont paru un jeu, etc.*

gies et il passa sept (1) autres années dans une parfaite obscurité.

A l'égard des personnes, il fut plus difficile. Il ne voulut pas qu'on jouât à aucun jeu, et des amateurs d'échecs, ayant été surpris, furent battus et leur échiquier devint la proie des flammes.

Nul ne pouvait plus monter à cheval au Caire, et tout cavalier y arrivant devait laisser sa monture à la porte de la ville.

Le passage devant son palais était rigoureusement interdit.

Les chiens devinrent, à leur tour, l'objet d'une réforme tellement radicale, qu'on n'en vit plus aucun dans toute l'Egypte.

Parmi ses extravagantes largesses religieuses, nous citerons la lampe dont il orna la mosquée d'*Amrou*. Elle était garnie de douze cents becs. On mit une pompe d'autant plus extraordinaire à l'inaugurer, qu'il fallut démolir les parois de l'entrée du temple et creuser le sol pour donner passage à ce lustre gigantesque.

La dévotion excessive de Hakem dura trois années pen-

(1) Ce nombre mystérieux, que les chaldéens et les juifs ont rendu célèbre par leurs religions, est d'autant plus respecté qu'on le trouve partout dans le ciel comme sur la terre. Les Druses par leurs superstitions ne pouvaient manquer de lui attribuer une vertu magique. « Sept nuits, sont en effet consacrées par les « musulmans à la vénération publique. » — Mouradja d'Ohsson, I, 210

Les Druses font de grands raisonnements sur les *Septenaires*. « D'abord qu'une chose parvient à sept, elle est à sa période et sa « fin ; et elle admet nécessairement le changement, en sorte qu'il « s'en produit un autre. De ce nombre sont les sept jours de la « semaine. Quand le nombre est parvenu au septième il retourne « et se change, le premier revient. C'est une marque que lorsque « les septenaires finissent il s'en produit d'autres. Il en est de « même des sept cieux, des sept terres, des sept climats, des « sept palmes de la longueur du corps de l'homme et autant de « sa largeur, et des sept espaces entre les doigts et la paume. « des sept parties de son visage. Ainsi, les prophètes ont été « sept, leurs grands vicaires sept et les autres septenaires sont en « si grand nombre qu'ils ne peuvent être compris dans ce livre. » — Pétis de la Croix, *Man. fr.* 583, III, 27. (Voir d'autres septenaires dans le man. 582, I, 42).

dant lesquelles les mosquées et ceux qui les desservaient, furent largement gratifiés par lui. Le Caire lui doit la belle mosquée qui porte son nom, et celle de *Rachida*. Il fit aussi bâtir une infinité de colléges qu'il dota de bibliothèques, les pourvoyant, en même temps, de savants professeurs qu'il fit ensuite périr, après avoir ordonné de démolir les établissements destinés à l'enseignement.

Ce fut alors qu'il abolit les prières publiques.

Il alla jusqu'à interrompre l'ordre des jours de la semaine parce que le mois de Rejeb en 396 commença un mercredi, or il voulut qu'il fut compté pour un mardi (1).

Hakem fit construire un vaste magasin, sur le Mokattam, et il ordonna qu'on le remplît de bois et de branchages, circonstance qui jeta nouvellement l'épouvante parmi les habitants, parce qu'ils ne purent pénétrer le motif de cette disposition extraordinaire. Mais leur frayeur cessa sur l'assurance qu'on ne tramait aucun projet contre le peuple et le feu que le kalife fit mettre à son magasin acheva de tranquiliser le public.

Comme il fallait cependant un aliment à la colère de Hakem, ce fut contre ses domestiques qu'il l'exerça, et un grand nombre d'entr'eux reçurent la mort.

(1) De Sacy, *Exp* CCCVII.
Le mercredi est néfaste dans tout l'Orient mahométan

Nous devons à cette superstition d'avoir échappé au péril auquel nous exposait la déloyauté du commodore anglais, signifiant au général Kléber la non-ratification de la convention d'*el Arich*, au moment où il devait croire qu'elle avait reçu son exécution.

Le grand visir s'étant tenu au terme de quarante jours pour réclamer l'évacuation du Caire, le général français n'ayant pas achevé ses préparatifs voulut profiter des cinq jours de répit stipulés et le dernier jour il offrit au Pacha de prendre possession de la ville, mais c'était un mercredi et le visir remit la consignation au lendemain, ce qui donna le temps de recevoir le dédit des Anglais et de faire déclarer l'abrogation du traité La bataille d'Héliopolis eut lieu quinze jours après (le 20 mars 1800), et l'armée ottomane y fut entièrement détruite. Ce fait nous a été raconté en Syrie par l'auteur arabe de la *Campagne d'Egypte*, publiée et traduite par M. Desgranges aîné, p 182

Chardin nous apprend que les persans qualifient le mercredi de malheureux, parce que la fin du monde arrivera ce jour là et que cette raison suffit pour attribuer une influence funeste à tous les mercredis. t. IX, p. 89.

A son irascibilité succédait, parfois, une bonhomie qui faisait accueillir favorablement des reparties spirituelles. Lorsqu'il eut ordonné que pour le travail on transformât la nuit en jour, un charpentier fut trouvé en défaut. Le Kalife lui dit : « N'ai-je pas défendu l'ouvrage à cette « heure ? — Il est vrai seigneur, mais autrefois lorsqu'on « travaillait le jour il arrivait que pour mieux gagner sa « vie on veillait une partie de la nuit. Ce que je fais main- « tenant est comme une veillée. »

Hakem défendit d'observer les astres et de parler d'astronomie, dont il se réservait toute la science. Et, attendu qu'il ne comptait pas, sous ce rapport, sur l'obéissance de ses sujets, il ordonna le bannissement des astrologues en titre. Toutefois, sur l'engagement qu'ils prirent de renoncer à leurs travaux astronomiques, ils ne furent pas expulsés. Il fit construire pour lui un observatoire sur le Mokattam.

Les musiciens furent traités d'une manière analogue, n'ayant obtenu de rester dans le pays, qu'en s'abstenant de jouer de leurs instruments.

Le kalife passait facilement par les extrêmes et à d'excessives libéralités succédaient souvent de cruelles exécutions. Ses soldats et ses esclaves participaient aux premières, tandis que les ministres et employés subissaient les secondes.

Ce qui a été rapporté, de l'humeur extravagante du kalife, ne permet pas le moindre étonnement sur ce que ses actes présentent des contradictions ; mais pour ajouter un nouveau trait à ce que son caractère avait d'incompréhensible, nous dirons qu'il rendit pourtant des biens injustement confisqués et que les propriétaires en jouirent paisiblement.

Hakem prenait plaisir à répandre le sang, et les mutilations, comme le meurtre, étaient devenus une sorte de besoin pour lui. Une fois, il fit mettre un boulanger dans le four qu'il chauffait, et s'étant arrêté pour voir un homme qui s'occupait de friture, il lui fit couper le poignet qu'on jeta dans la poële.

Les arrêts étaient facilement donnés aux employés de son palais : c'était souvent le prélude d'une sentence de mort. Il ordonnait qu'on mutilât des personnes, qu'il comblait ensuite de ses bienfaits, pour les priver plus tard de quelqu'autre membre ou organe.

Le pouvoir de Hakem se faisait sentir dans toute l'étendue de ses états, avec cette injustice et cette dureté qui le caractérisaient ; aussi voyait-on les destitutions se succéder avec une effroyable rapidité et souvent sans le moindre motif de la part des titulaires.

La cruauté lui était si familière qu'un jour descendant de son âne, il prit un de ses valets, le fit coucher par terre, lui fendit le ventre, « en tira les entrailles, puis se « lava les mains et s'en alla. » (1).

Hakem n'était plus maître de lui-même dès que la colère le dominait.

Les qualités, qui rendent les hommes recommandables, ne protégèrent pas ses ministres contre des exécutions imméritées. Sa violence et sa tyrannie s'exerçaient avec tant d'irréflexion qu'il mettait à mort les chefs de troupes, sur lesquels il devait le plus s'appuyer, puisqu'ils faisaient toute sa force.

Ses mesures arbitraires s'étendaient même sur les tribus qui lui étaient le plus dévouées.

Si le bruit des crimes que Hakem commettait épouvantait le monde, celui de ses prodiges et de l'étonnante faveur dont il paraissait jouir, se répandait aussi. Or, pour les peuples que la raison dispose à attribuer tout ce qu'ils voient, ou qu'ils entendent, à la fatalité, ces événements étaient également les effets des décrets immuables du Tout-Puissant.

En thèse générale, les hommes sont considérés comme

(1) De Sacy. *Exp.* CCCCXXVII.

des agents que Dieu fait agir à son gré. La terrible puissance que Hakem exerçait témoignait assez en faveur de sa prétention, de représenter la divinité, ou d'être au moins son élu.

Aux yeux des orientaux, il n'y a que les êtres privilégiés qui soient capables de dompter le monde sans le craindre, comme faisait Hakem qui sortait seul, ou accompagné d'un valet.

Aussi la terreur que ses mesures inspirèrent ne fit-elle pas uniquement accourir les habitants de l'Egypte en foule, à adhérer à la nouvelle secte (1), mais elle fanatisa ses initiés au point qu'ils se mirent à persécuter ceux qui refusaient de partager leur croyance (2).

C'était avec résignation que le peuple se soumettait aux actes de Hakem, le croyant d'autant plus sincèrement l'instrument de la vengeance de Dieu, que la protection divine se manifestait dans ses œuvres magnanimes, comme pour achever de prouver la haute faveur dont il jouissait. Le trait suivant lui fit le plus grand honneur.

Un gouverneur de Syrie l'avait institué son unique héritier, au détriment de ses fils qui, par respect pour la mémoire de leur père, étaient venus déposer aux pieds du Kalife les deux cent mille pièces d'or composant le legs.

« J'ai lu le testament de votre père, leur répondit « Hakem, et la disposition qu'il a faite de ses deniers et de « son mobilier; prenez-le tout et que cela vous porte « bonheur. » (3).

Dans les moments où son âme jouissait d'un peu de calme, il ne s'occupait que de puérilités. Il s'amusait à jeter, par les fenêtres de son palais, des billets contenant

(1) « La foule fut si grande, d'après Makrizi, pour entrer dans « la secte impériale que plusieurs personnes y périrent en vou- « lant se faire inscrire. » De Sacy, — *Chrest.* I, 73.

(2) Les cultes extraordinaires rendus aux dieux, ont eu souvent pour cause de fausses terreurs. Fénélon, 324.

(3) De Sacy. *Exp.* CCXCVII.

des promesses bonnes ou mauvaises ; ce qui faisait qu'on ne les rapportait que dans le premier cas.

Lors d'une disette, il interdit les fêtes et les promenades sur l'eau. Il fit murer les portes et les fenêtres des maisons donnant sur le Nil et le canal. (1)

Il renouvela la défense de circuler du coucher du soleil jusqu'à son lever.

A l'approche du Ramadan, il fit publier que chacun pourrait jeûner ce mois comme il l'entendait. C'était une sorte de dispense pour cette abstention rigoureuse. Il leva aussi tout scrupule au sujet des crieurs des mosquées et de leurs invocations, de même que pour les prières publiques.

Mais par un effet de son humeur changeante il rapporta, au bout de quelques mois, une partie des facilités accordées, en signe de tolérance religieuse et ce fut par un retour aux dogmes du musulmanisme pur. C'est ainsi qu'il permit quelques formules de prières et qu'il en supprima d'autres.

A quelque temps de là, l'autorité de Hakem fut menacée par un ennemi sérieux et avec d'autant plus de chances que plusieurs succès avaient déjà couronné ses armes.

Si le peuple fit des vœux, dans cette occasion, pour le triomphe définitif d'*Abou Racoua* (2), venant attaquer le kalife dans sa propre capitale, quelle ne dut pas être sa stupeur lorsque, par un revers de fortune, ce chef redoutable tomba entre les mains des soldats de Hakem et lui fut amené captif ?

L'ayant fait conduire avec une pompe extraordinaire, pour que ce triomphe ressortît davantage, il entoura aussi le supplice de son ennemi de beaucoup d'éclat ; et l'ébahissement d'une population terrifiée de ce qu'elle voyait alla

(1) Par un retour à des idées religieuses, il ordonna ces mesures en expiation des désordres qui se commettaient

(2) Descendant des Ommiades, il s'était attiré l'affection d'une tribu que la tyrannie de Hakem avait révoltée, il ne tendait à rien moins qu'à se faire déclarer souverain de l'Egypte.

à son comble. Pouvait-elle révoquer en doute, après de tels résultats, que les évènements qui la frappaient ne vinssent du Ciel ? (1)

Ce fut à l'émir *Abou Fadhel*, général habile, que Hakem dut cette étonnante victoire et cependant il ne tarda pas, après lui en avoir témoigné quelque reconnaissance, de le faire périr de la manière la plus cruelle.

On donna pour motif de cette condamnation que l'émir avait surpris Hakem, dans son palais, égorgeant un enfant, dont il avait coupé le foie et les entrailles en morceaux (2).

Hakem n'ignorait pas qu'une grande partie du peuple lui était hostile, parce qu'il en reçût souvent des injures et des sarcasmes, dont il ne put reconnaître les auteurs, les écrits anonymes qui les contenaient lui ayant été remis pendant la nuit.

A la suite d'une nouvelle requête rédigée par des femmes et placée dans la main d'un mannequin, que Hakem trouva sur son passage, il entra en fureur et ordonna de livrer le Caire au pillage, d'en tuer tous les habitants et d'y mettre le feu.

Hakem s'informant, en même temps, de l'effet produit par l'incendie et de la résistance du peuple, qui se défendait contre ses soldats, maudissait ceux-ci en demandant d'où leur était venu l'ordre d'agir comme ils faisaient.

Ayant ainsi désapprouvé ses gens, il permit aux troupes turques, qui dans cette occasion s'étaient abstenues, de prendre la défense des habitants ; mais en faisant passer des secours à ses gardes il les encourageait à tenir bon. Toutefois, son intention de détruire les deux partis, l'un

(1) Les actions miraculeuses de Hakem ont consisté, selon les Druses, à s'être défait de ses ennemis malgré leur supériorité numérique et à avoir affronté tous les périls qu'il a courus, sans en éprouver le moindre mal.

(2) De Sacy. *Exp.* CCCXXVIII.

par l'autre, fut pénétrée et dès lors loin d'exécuter ses ordres les soldats le menacèrent lui-même (1).

Hakem voyant cela, se rendit sur son âne au milieu des combattants, affirma par serment qu'il n'avait eu aucune part à ce qui était arrivé, et à la suite de ces excuses les troubles s'apaisèrent.

Les maux qui résultèrent de cet évènement furent incalculables : le feu avait détruit un tiers de la ville et plus de la moitié de cette riche cité avait été pillée. Beaucoup de femmes et des filles ne purent être retrouvées par le mauvais vouloir du Kalife, ou faute d'assez d'énergie pour les faire rendre par ses gens (2).

Hakem reçut, à cette occasion, des lettres pleines d'imprécations et notamment le souhait qu'il éprouvât dans sa famille le même déshonneur qu'il avait causé à celles des autres. La réputation de sa sœur Seïdet-el-Meulk y fut particulièrement attaquée, et comme il en conçut une grande colère, cette princesse pensa, dès ce moment, au moyen d'échapper au sort que son frère lui réservait.

L'irrésistible penchant qu'il avait pour les largesses, et qui faisaient comme le contre poids de sa tendance à de fréquentes exécutions capitales, le jeta bien souvent, à la fin de sa vie, dans d'excessives libéralités, que le hasard faisait tomber sur toutes sortes de gens. Elles avaient de plus une telle importance, qu'elles comprenaient même des terres et des villes. C'est ainsi qu'Alexandrie échut aux

(1) « Après trois jours, les anciens et les principaux de la ville « s'assemblèrent dans la grande mosquée, mirent haut les « Korans, criant avec pleurs et suppliant la bonté divine ; puis « envoyèrent à Hakem lui faire des remontrances « Nous sommes, dirent-ils, vos serviteurs, et cette ville où sont nos « femmes et nos enfants est à vous. Nous ne savons personne de « nous qui ait fait aucune faute digne d'un tel châtiment. Si vous « commandez de nous retirer ailleurs nous le ferons. Si cela se « fait sans votre ordre, permettez-nous donc de nous défendre « contre ces filous et ces soldats.» El Makin, d'après Adler, 24.

(2) Béhaeddin a déclaré dans une de ses épitres que le « seigneur Hakem est trop élevé pour faire de semblables actions « et trop saint pour commettre une perfidie aussi palpable et « aussi absurde.» De Sacy. *Exp.* I, 218.

Benou-Korra, quoiqu'ils lui eussent fait la guerre en se liguant avec *Abou-Racoua*. Il donna surtout des apanages à ses gens de guerre et à d'autres personnes à son service.

Le peu de fixité de son caractère faisait que *Sunnis* et *Schiites* étaient tour à tour l'objet de son affection ou celui de sa haine, et il ne montra pas plus de constance dans sa sympathie pour les sectateurs d'Ali, qu'il n'avait eu de raison à les protéger contre leurs ennemis.

Quoiqu'il eût virtuellement abrogé la religion musulmane orthodoxe, aussi bien que celle de la secte rivale, puisqu'il en avait également aboli les préceptes, dès qu'un murmure désapprobateur prenait de la consistance, il faisait des concessions aux plaignants. C'est dans une de ces circonstances que, en vue de plaire aux Sunnis, il fit bâtir un collége pour l'enseignement de la doctrine de Malek (1), traitant avec distinction les docteurs qui en reçurent la direction.

Il donna, dans ce moment-là, d'autres témoignages de son zèle pour la religion de Mahomet, en faisant rétablir la prière du vendredi, dans laquelle on demandait que Dieu fut propice au prophète son élu, au plus excellent des délégués, Ali l'Honoré, et à ses ancêtres (lui Hakem) descendants de Mehdi.

Le pouvoir spirituel de Hakem était si peu stable que la reconnaissance de son autorité, par le Chérif de la Mecque, lui devint nécessaire. Son kalifat ne fut donc légitimement établi qu'en 404, époque où ce chérif, qu'on appelle également émir, fit mention de son nom dans la prière publique, ainsi que sur la monnaie qui se frappait alors en Arabie.

Ce fut cette même année, d'autres disent en 403, que Hakem désigna Abderrahim, fils d'Elias, son cousin, pour lui succéder (2) dans son gouvernement qu'il administrait déjà entièrement.

(1) Un des quatre grands docteurs de l'islamisme. Sa doctrine est principalement suivie par les Arabes.

(2) De Sacy, *Exp.* CCCLXIX.

Dans la formule qu'il composa à ce propos, il se qualifia de souverain des musulmans (1).

Mais dès ce moment, Hakem changea ses allures et afficha ses prétentions.

Hamzé, son premier ministre, en écrivant à Abderrahim, pour l'informer du choix qu'avait fait l'émir des croyants de sa personne pour lui succéder à l'empire, lui dit « qu'il « est temps qu'il lève le voile et qu'il sache pourquoi il a « été nommé son cousin, puisqu'on ne peut attribuer à « notre seigneur, ni père, ni fils, ni oncle, en ce qu'il n'en- « gendre pas et n'est pas engendré, et qu'aucun être ne « lui est semblable (2), ce nom ne lui ayant été donné, « selon le vulgaire, que pour qu'il ait un air de parenté « avec le Kalife.»

Il l'engage, en conséquence, à faire amende honorable du tort qu'il a eu jusqu'ici, à ce sujet, et à ne plus dire, en parlant ou en écrivant à notre seigneur « la paix de Dieu « soit sur lui » puisque *Allah* est son serviteur et que c'est la paix du seigneur qui doit reposer sur le serviteur.

Il est dit aussi dans cet écrit :

« Maintenant toutes les périodes sont révolues ; le soleil « des soleils et la lune des lunes s'est levé. C'est dans le « temps où nous sommes que doit régner la pure confes- « sion de l'unité et sa manifestation et le culte de N.-S. « l'unique et le tout-puissant.» (3).

Abderrahim après avoir été nommé gouverneur à Damas, peut-être parce qu'il portait ombrage à Hamzé, fut arrêté par l'ordre de Hakem (4) sur l'accusation « qu'il ne pro-

(1) De Sacy, *Exp.* CCCLXIX.

(2) Pour exclure toute idée d'authropomorphisme, les Druses disent aussi que Hakem ne mangeait, ni ni buvait.

(3) De Sacy. — *Chrestom.* I, 358

(4) Cet évènement est un de ceux que l'histoire des Druses présente comme douteux quant à l'epoque où il eut lieu, des écrits le fixant après la disparition de Hak.m en 411. (Voir ci-après).

« fessait pas le culte de l'unité du créateur » (1) c'est-à-dire la religion que ce ministre travaillait à établir ; mais ses richesses, qui étaient immenses, durent sans doute contribuer à sa disgrace, si elles n'en furent la cause unique.

Hakem n'avait pas donné personnellement l'exemple de l'accomplissement d'aucun précepte religieux et aussitôt que ses ministres purent proclamer la divinité de leur maître, la première invitation qu'ils firent à ses sectateurs fut d'abandonner toutes pratiques, attendu que *c'est à lui qu'on doit retourner, comme c'est de lui qu'on a commencé.*

Cest dans ces circonstances, qu'un missionnaire Baténi, de nation persane ou turque, nommé Nechtékin Darazi, étant entré au service de Hakem, qui sympathisa singulièrement de caractère avec lui, se mit à propager ses doctrines et à publier, non-seulement de la voix mais aussi par des écrits, *les merveilles qu'il lui voyait faire*, pratiquant ces moyens de publicité même dans les mosquées.

Ses enseignements comprenaient entr'autres choses étranges : que les âmes passaient d'un corps dans un autre ; qu'ainsi l'âme d'Adam était venue, par Ali et les ancêtres de Hakem, pour finir en lui.

C'est en flattant les penchants désordonnés du kalife et en l'entretenant dans l'idée qu'il lui avait, dit-on, suggérée (2), de se faire proclamer Dieu, qu'il pénétra si avant dans son intimité et devint la première autorité de l'état, toutes les autres devant recourir à lui.

El Makin rapporte, en effet, que Darazi, en invitant à croire à Hakem, assurait les gens qu'il était le Dieu créateur des mondes, ainsi qu'il l'avait démontré et publié dans ses

(1) De Sacy. — *Chrestom*, I, 114.

(2) Il est improbable que Darazi ait été l'inventeur de la divinité de Hakem, puisque Hamzé l'avait déjà proclamée et que, selon quelques écrivains, c'était en qualité de son disciple qu'il aurait agi. – De Sacy. *Exp.* II, 158.

sermons (1). L'opposition populaire qu'il éprouva venant à augmenter, les personnes qui le soutenaient durent le faire passer en Syrie où il prêcha librement la foi unitaire.

Il le fit avec d'autant plus de chances favorables qu'il avait affaire à un peuple grossier, auquel il apportait des secours pécunaires et une croyance facile, accompagnée des plus séduisantes licences, telles que : l'usage du vin, des mœurs dépravées et la concession, aux néophytes, des biens de ceux qui refuseraient d'adopter leur foi ; ce qui devait les aider à se constituer promptement en majorité.

Après les tentatives de Darazi, en faveur de la divinité de Hakem, pour laquelle, comme je l'ai dit, le kalife avait des prétentions (2), un nommé *Akhram* agit dans le même sens pour laisser à Hamzé — qui par ses talents était supérieur aux deux autres — le soin d'achever l'œuvre à l'aide de ses vastes connaissances. Elles servirent effectivement à lui faire prendre les moyens les plus propres d'attirer à la religion de Hakem les nations avec lesquelles il était en contact.

Quoiqu'il règne quelque incertitnde, sur l'époque où Hamzé vint en Egypte, nous devons nous arrêter à ses écrits d'après lesquels il aurait prêché, comme nous l'avons dit, la doctrine de Hakem dès l'année 403, ce qui, établissant son antériorité à l'égard de Darazi, donnerait quelque vraisemblance à l'opinion que, celui-ci étant son disciple, c'est en qualité d'instrument qu'il aurait agi en débutant.

On a remarqué, effectivement, que lorsque Hamzé redevint premier ministre, et qu'il jouit de toute la faveur de Hakem,

(1) Adler 108.

(2) Basnage veut aussi que ce soit Darazi qui ait déterminé Hakem à se faire passer pour Dieu, mais je ne vois pas que les auteurs partagent cette opinion. Celle de d'Herbelot sur l'initiative de ce missionnaire, étranger au mahométisme, de renverser résolument cette religion, me paraît plus probable, et les imprécations que Hakem avait fait publier contre les kalifes, compagnons du prophète de l'Islam, ne laissent exister aucun doute sur son intention de former ses sectaires de ceux qu'il aurait enlevés à l'autre croyance.

ce fut la doctrine de Darazi qu'il fit publier, en exprimant le désir qu'on l'adoptât ; ce qui ajoute à la probabilité que cette religion était l'œuvre du maître et non pas celle de l'élève. Voulut-il seulement lui en laisser courir les danger (1) ?

Mais l'histoire dit de plus que le disciple désira s'élever au-dessus de son patron. Elle rapporte aussi que Darazi avait rempli un emploi supérieur dans la fabrication de la monnaie et qu'on l'accusait de mauvaise foi. Nous reviendrons sur ce sujet dans la section suivante.

Hakem ne chercha à faire connaître sa puissance qu'en prouvant qu'il n'ignorait rien de ce qui était caché pour les autres, et les moyens qu'il employa consistèrent en espionnages de vieilles femmes, dans les maisons, et aux renseignements qu'il se procurait lui-même, en écoutant aux portes, pendant ses rondes de nuit dans les rues désertes et silencieuses du Caire.

Au nombre de ses jongleries, on peut citer celle-ci, à cause du bien qu'elle produisit : Une statue représentant un sphinx avait été faite de manière à contenir un homme. Or, après avoir combiné quelques vols (2), sur les plaintes auxquelles ils donnèrent lieu, la statue désigna les voleurs et l'endroit où se trouvaient les objets réclamés, que l'on rendait immédiatement en faisant pendre les voleurs. Ces résultats donnèrent une idée encore plus effrayante de la justice de Hakem, et la terreur qu'il inspira fut telle, qu'on se garda même de ramasser les objets que le hasard faisait rencontrer.

(1) Une explication serait ici nécessaire : je vais y suppléer en présentant quelques réflexions. Hamzé a dû commencer par des principes autres que ceux de Darazi ; mais des concessions étant réclamées, il fallut y consentir, pour complaire au rival autant qu'au maître, en profitant d'ailleurs du résultat obtenu, celui d'avoir beaucoup de prosélytes.

(2) Il a dû établir des rapports entre des gens à lui et des étrangers qui, ayant agi séparément, se sont ensuite rendu compte des circonstances de leurs vols.

Il prétendit posséder la science de l'inconnu, l'astrologie et l'art d'enchanter, sur lesquels il composa, assure-t-on, beaucoup de livres. Se disant le dieu créateur il put répéter avec le prophète : *Le Nil est à moi*, car je l'ai fait. Il s'occupa beaucoup des connaissances philosophiques des anciens (1).

Ses communications avec son ministre Hamzé avaient lieu instantanément et *par sa seule volonté*. Hakem n'avait qu'à vouloir et son ministre était informé de sa pensée sans autre concours que celui de son esprit-saint.

Le kalife ne manquait pas d'aller tous les matins, sur le Mokattam où il disait avoir, comme Moïse, des entretiens avec Dieu ; ce qui était une prétention illogique, car étant lui-même la divinité incarnée et *Allah* son esclave, avec quel être supérieur pouvait-il conférer ?

Cela prouve que, sur ce fait aussi, les historiens n'ont rapporté que des suppositions vagues ou gratuites.

La contradiction était cependant manifeste, puisque Hamzé avait proclamé Hakem le créateur de l'univers et le dieu suprême, déclarant que s'il avait apparu, avec une figure humaine, c'était pour pouvoir se montrer à ses sujets sans les éblouir.

Le peuple avait-il oublié que Hakem était ce même personnage punissant de mort ceux qui se permettaient de lui donner des titres, que sa modestie repoussait alors ? Mais les changements les plus extraordinaires sont faciles à expliquer chez les orientaux, dont l'esprit impressionnable se résigne à tout.

A partir de cette époque, les édits portèrent tous cette formule : « Au nom de Hakem le clément, le miséricor- « dieux » et lorsque le peuple le voyait il l'invoquait en criant : ô toi l'unique, l'immuable, qui fais vivre et qui fais mourir !.. .

Quoiqu'il commandât à trois cent mille soldats, il conti-

(1) De Sacy. — *Chrestom.* I. 88.

nuait à sortir avec une faible escorte, qui marchait à côté de sa modeste monture. Il formait donc seul le prestige de sa puissance, et ce respect qu'il inspirait était dû à un pouvoir occulte, que le vulgaire croyait reconnaître dans ses actes, surtout à cause de tous les mystères dont on les environnait. Aux yeux du peuple cet être extraordinaire était le vrai Dieu.

L'historien des dynasties egyptiennes rapporte que la famille de Hakem et, avant elle, ses aïeux croyaient que cette divinité leur reviendrait et, il ajoute, que s'il ont tenu leurs espérances cachées, ç'a été par la crainte d'en faire courir prématurément le bruit (1).

C'est à partir de ce temps que Hamzé établit la légitimité de son maître en ces termes :

Hakem a créé et inventé les créatures par sa puissance et il a créé les êtres de la nature par sa volonté (2).

Son nom signifie qu'il commande à tous les prophètes, vicaires, imams, apôtres ; lesquels dépendent de lui, étant continuellement à sa disposition.

Il est au-dessus de tous les noms et attributs, et les plus belles épithètes ne conviennent qu'à ses serviteurs. Il est trop haut placé et trop grand pour être mentionné, défini, ou qualifié. Son exaltation dépasse toute puissance imaginable (3).

« Il est glorifié au-dessus de toutes les qualités qu'on lui « donne.... je dis, avec son assistance et son secours, que « ce maître glorieux n'entre point sous les noms, ni sous « les attributions, ni sous les langues. Je ne dis pas qu'i « est éternel sans commencement, ni qu'il est éternel sans

(1) Nous devons faire remarquer, à cette occasion, que Hakem avait défendu de se servir, en parlant de ses ancêtres, de cette expression : *ses ancêtres respectables*. sans doute parce qu'une pareille formule « n'était point assez respectueuse pour des per- « sonnages dans lesquels avait habité la divinité. » — de Sacy, *Exp.* CCCCXCIX.

(2) Pétis de la Croix, II, 178.

(3) *Épit. aux Femmes*.

« fin, parce que l'une et l'autre éternité ne sont que ses « créatures, et ce haut créateur est leur inventeur et leur « producteur. Le vrai sens de sa divinité ne se conçoit pas « par les idées, ni par les sens, ni par le jugement, ni par « la raison. » (1).

Sa venue a été annoncée par des voix égales à l'éclat du tonnerre (2).

La seule ressemblance qu'il ait avec ses créatures, c'est d'avoir leur figure, car il n'est soumis à aucun des besoins de l'humanité.

Hakem, la *justice*, est unique, clément, plein de miséricorde pour les créatures et pour le genre humain (3).

Sa toute puissance fait que lorsqu'il veut quelque chose, elle est créée à sa seule volonté.

Quant à son surnom, au moyen d'une variante, que ses courtisans surent trouver, dans leur empressement à caresser par tous les moyens les caprices de son ambition, celui qui gouvernait par l'*ordre de Dieu* devint le commandant par *sa propre essence*, le mot *Bi'amr* avec l'adjonction de la voyelle pronominale *i* faisant *Bi'amr'i*. Hamzé dit à cette occasion, que l'essence était la vraie réalité de la divinité (4).

(1) *Épit. de la découverte de la vérité.*
Une nouvelle preuve de la manière dont les auteurs Druses abusent de l'art du raisonnement fera mieux connaître leur goût pour les subtilités d'esprit, qui ont un si grand empire sur les imaginations fanatisées.
« Le créateur n'a pas de résidence connue dans laquelle il soit « renfermé, en sorte que les autres lieux soient privés de lui : « aucun lieu n'est privé de lui, car ce serait un défaut en sa puis- « sance. Il n'est pas premier en sorte qu'il ait besoin d'un dernier, « ni il n'est point dernier en sorte qu'il ait besoin d'un premier. « Il n'est pas extérieur en sorte qu'il ait besoin d'être intérieur,... « Je ne dis pas, non plus, qu'il ait une âme ou un esprit en quoi « il ressemblerait aux créatures, etc. »

(2) De Sacy. — *Exp.* II, 376.

(3) De Sacy. — *Exp.* II, 468.

(4) Pétis de la Croix. — *Man. fr.* 582, I, 92.
Ce fut à la suite de la subtitution du mot *Bidatehi* à celui *Bi'amr'i*.

A l'égard des miracles opérés par Hakem, Hamzé, qui connaissait les livres sacrés de toutes les religions, n'est pas resté dans les bornes d'une description légèrement hyperbolique, car il l'a poussée, au contraire, jusqu'à la plus monstrueuse exagération, en disant que « si tous les « arbres de la terre étaient des *plumes*, que la mer fut « convertie en encre et qu'après elle il y eut encore sept « autres mers pareilles, cela serait insuffisant pour écrire « toutes les paroles de Dieu. » (1).

Les prodiges de Hakem consistaient, au surplus, dans les dangers qu'il avait bravés, en allant à la rencontre de ses ennemis et en s'exposant à l'ardeur du soleil, comme à la malignité du vent *Simoum*,

C'est à ce propos que Hamzé fait souvent observer au au peuple que jamais Hakem ne buvait, ni ne mangeait et qu'il n'exerçait aucune fonction des hommes (2).

Ce fut incontestablement Hamzé qui détermina Hakem à jouer son rôle et, attendu que le kalife sentit la nécessité indispensable d'un médiateur (3) *qui le conduisit dans les*

(1) De Sacy, *Exp*. I, 159.
Les orientaux se servent de roseaux pour écrire et c'est ce qui fait classer leurs *plumes* dans le règne végétal.

(2) « Il a été victorieux, dit-il, dans les combats, de ses ennemis « bien qu'ils fussent supérieurs par leur grand nombre, et qu'ils « eussent de meilleures armes, mais il ne fut point blessé. Il « marchait la moitié de la nuit au milieu des ennemis sans une « épée, ni un couteau. Il montait à cheval et se rendait ouverte- « ment au camp, et il n'était dans l'armée aucun chef dont les « yeux ne fussent incommodés par le vent et la poussière. Leurs « langues étaient impropres à leur faire articuler un mot. Ils « éprouvaient de la fatigue au delà de ce qu'ils pouvaient en « supporter, tandis que leur maître restait dans le même état « qu'en sortant. Nul ne l'a vu le visage noirci, et il n'a pas « connu la lassitude. Personne ne peut dire, non plus, qu'il l'ait « vu boire de l'eau et manger des aliments, ni qu'il ait dormi. » *Épitre de la relation exacte*.

(3) La place de *ouasita*, intermédiaire, répondait à celle de premier ministre et était tellement importante que Hakem donna à celui qu'il y promut la *fonction de médiateur* entre lui et ses sujets. — De Sacy. *Exp*. CCLXXXII.

voies de l'unité, il nomma Hamzé Imam, grand-vicaire, lui donnant le titre de *Hadi*, directeur (1).

« Il institua, en même temps les grands prêtres (Imams).
« Il publia le *témoignage* (formule) de la foi en l'unité, il
« ouvrit les portes de sa mission et les séances de sa justice
« et de sa miséricorde envers les hommes. » (2).

Les brusqueries et le zèle fougueux de Darazi avaient eu de trop fâcheux effets pour que Hakem n'approuvât pas Hamzé — aussi rusé que spirituel — d'agir avec circonspection dans les moyens qu'il prenait pour répandre sa doctrine, et il voulut que ce fut par des voies occultes que l'on préparât les esprits. Cela prouverait que son jugement le servait bien, lorsqu'il n'était pas dominé par ses passions ou sa folie. On veut cependant que ce fût sans les comprendre qu'il sanctionna les écrits faits pour lui et qu'on soumettait à son approbation (3).

Il ne prenait pas moins plaisir à consulter Hamzé, en s'informant de ce que faisaient les missionnaires employés au prosélytisme, et du nombre de ses nouveaux sectateurs.

Il en attendit les premiers résultats pour cesser entièrement de fréquenter les mosquées, pour supprimer la prière et le pèlerinage de la Mecque, où il n'envoya plus l'étoffe destinée à couvrir la fameuse pierre noire. Toutefois, il accompagna ces mesures de quelques ménagements, parce qu'il voyait qu'il s'aliénait les bons musulmans, composant la partie saine de la population.

Il n'établit pas moins, pour les unitaires, le pèlerinage du temple de *Thaalab*, dans l'Arabie heureuse (4).

(1) Hamzé travaillant en même temps pour lui, fait dépendre la connaissance de la religion unitaire de celle des ministres qui la composent. Il en donne pour exemple la description du cierge formé d'éléments qui, pris séparément, portent leurs noms propres, ne prenant celui de cierge que par leur réunion.

(2) Pétis de la Croix. — *Man. ar.* 1583, 10.

(3) De Sacy. — *Exp.* I, 191.

(4) L'abbé de Marigny ajoute que ce fut sur les principes de Hamzé, page 110. Voir fascicule 3.

Hamzé avait déjà annoncé que toutes les pratiques religieuses seraient abolies et quant aux alliances illicites (1), permises par Darazi, il fut loin de les abroger car il les toléra.

Il ne paraît pas, néanmoins, qu'il ait persisté dans ces principes immoraux. Il semble, au contraire, que la doctrine qu'il a enseignée ait été basée sur les règles de la plus saine morale ; mais la corruption une fois produite, il n'a plus été le maître de l'arrêter : ce qui fait que les différentes versions, accréditées sur la religion des Druses, sont également fondées, parce qu'il s'est formé dans cette nation, en Egypte et en Syrie, des sectes n'ayant pris que ce qui leur convenait, dans les *doctrines de Hakem*, et qu'elles ont dû les conserver sans y rien changer.

C'est une des raisons qui expliquent pourquoi on diffère sur les diverses croyances attribuées aux Druses, dont les unes sont établies sur des principes purs, tandis que d'autres reposent sur des bases immorales. Je dois dire, au surplus, que c'est hypothétiquement que je crois à l'amendement de Hamzé en fait de règle de conduite.

La proclamation de la divinité de Hakem fut suivie d'une tolérance marquée envers les sectateurs de Moïse et de Jésus, parce qu'il ne devait pas les persécuter du moment qu'il n'était plus kalife de Mahomet. Ces deux nations se virent ainsi délivrées du joug insupportable qui pesait sur elles et les signes ignominieux de leur affreux esclavage disparurent. La persécution avait duré neuf ans pendant lesquels juifs et chrétiens subirent toutes les injures imaginables (2).

A la permission de rentrer dans leurs religions, en quittant le mahométisme, il fut ajouté l'autorisation de rebâtir

(1) Fascicule 4.

(2) La croix imposée aux chrétiens, comme signe d'esclavage, fut plus tard déclarée une faveur, et la permission de relever leurs monuments religieux est citée comme une marque de préférence accordée sur les mahométans.

leurs temples, sur les emplacements qu'ils avaient occupés et avec les anciens matériaux qu'on put réunir. Il fut même accordé aux chrétiens le droit d'avoir des cloches.

On compta six mille abjurations dans une semaine (1). Les émigrés s'empressèrent également de rentrer chez eux.

Lorsque Hakem fut ainsi amené à dévoiler sa divinité, il s'annonça comme étant « le Dieu existant, l'inventeur des « créatures triomphantes du ciel.» (2).

Il s'est transfiguré, il a glorieusement paru au monde sous une forme humaine, avec l'empire en main, et ayant indiqué sa personne par sa personne, non par celle d'aucun autre.

L'apparition, sous une figure humaine, avait pour but de prouver qu'il fallait qu'il y eût un auteur (3) apparent de toutes *choses*, pour que le genre humain reçût les ordres et les instructions d'une figure semblable à la sienne, et que cela devînt un moyen de se confronter et de se familiariser avec elle.

S'il eût exigé qu'on l'*adorât* en restant caché derrière un voile, sans avoir fourni cette preuve d'homogénéité et ce moyen de comparaison, où aurait été la justice ?

Hakem prit d'ailleurs cette forme parce que son peuple n'aurait pu souffrir la vue de sa divinité.

C'est aussi suivant la capacité de ses créatures qu'il leur a parlé.

N'est-ce pas sous cette figure, résumant l'unité, que Hakem a reçu, après sa manifestation, les engagements des hommes, étant devenu l'objet de leur foi et de leur culte ?

La formule de l'engagement a été individuellement et

(1) Un fait semblable est déjà rapporté page 39.

(2) Cela a été dit en partie page 51.

(3) Les écrivains Druses et M. de Sacy ont employé le mot *causateur*.

librement consentie, sans qu'on ait pris aucune mesure contre ceux qui, pendant vingt-six ans, n'ont point répondu à l'appel

Les seules règles qu'il ait établies, à l'égard de son peuple, étaient celles-ci :

« Que tout le monde se rangeât du côté droit *seulement* « quand on viendrait pour le saluer ; que ceux qui lui « présenteraient des requêtes, pour lui exprimer leurs « besoins, eussent soin qu'elles continssent un nombre de « lignes impair....; que le nombre de ceux qui étaient « admis à l'audience de sa majesté fut aussi impair ; qu'on « ne parût pas devant lui, hommes et femmes, en même « temps ; enfin, que chacun observât le nombre impair dans « toutes ses actions et ses paroles.» (1).

Voici une autre prescription.

« Ne vous présentez à la majesté divine qu'après « qu'elle vous aura appelé ; ne proférez pas un seul mot « qu'elle ne vous ait interrogé.» (2).

Hakem affichait, avec cela, la plus grande simplicité, sa personne, comme ce qui lui appartenait, était privé de tout ornement.

La résolution qu'il prit, de se laisser croitre les cheveux, de porter des vêtements de laine et de monter un âne, avec un harnais simple, étant considérée comme un acte de sagesse, jusque là sans exemple, donna lieu à cette explication :

« Notre seigneur a affecté de se vêtir d'habits de laine « et de laisser croître ses cheveux, ce qui indique la con- « duite qu'il a tenue en se conformant extérieurement aux « observances légales, et en paraissant attaché à Ali, fils « d'Abou Thaleb, et à sa religion.» (3).

(1) De Sacy. — *Exp.* I, 188.

(2) Pétis de la Croix. — *Man. fr.* 582, I, 118.

(3) Les *sofi* ou *soufi* de Perse, prennent leur nom des habillements de laine qu'ils ont adoptés à l'exclusion de tous les autres ; ils portent aussi les cheveux longs en opposition aux imams de Turquie

« En montant sur un âne il a voulu marquer que la « doctrine de la vérité triomphait des lois anciennes. Par « la simplicité de l'équipage de sa monture, où il n'y avait « ni or, ni argent, il a indiqué l'anéantissement des deux « religions. Les ornements de fer de son harnais signifient « qu'il tirera le glaive contre les disciples des lois précé- « dentes et qu'il les anéantira. » (1).

Dans un autre écrit les diverses circonstances, que nous venons de rapporter, sont ainsi expliquées :

Les habits noirs figuraient sa disparition qui, pendant sept ans, fut un sujet de deuil et de ténèbres pour ses sectateurs.

En laissant croître ses cheveux il indiquait que l'imam resterait également caché.

Les arrêts donnés aux femmes étaient l'emblème des ministres forcés au silence (2).

En prenant un âne pour monture il a démontré la diversité des croyances des hommes : les juifs attendant l'objet de leurs désirs sur un âne ; les chrétiens *espérant l'avènement de celui qui leur est annoncé sous la forme où était caché notre seigneur, et sous laquelle il s'est fait voir à tous les hommes sans qu'ils l'aient connu*. Voir *Catéch.* 47.

Je trouve aussi dans un manuscrit Druse le raisonnement suivant :

Le changement de la loi, l'établissement de la foi en l'unité et la publication de la loi spirituelle, par le ministère du directeur des fidèles, sont figurés par Hakem qui, étant descendu d'un âne, en a monté un autre vis-à-vis la porte de la mosquée (3).

Une explication est pareillement donnée aux allées et venues de Hakem : elle est tirée de l'épître contenant *les*

(1) De Sacy. — *Exp.* I, 169. — Pétis de la Croix veut que ce soit pour se donner une ressemblance de plus avec le Christ que Hakem, prétendant être la seconde apparition annoncée, prenait une ânesse pour monture. — *Man. fr.* 583, III, 27.

(2) Voir page 38, note 1.

(3) *Man. fr.* — 582, I, 189.

mystères de ce qui a paru un jeu devant notre maître de glorieuse mémoire (1).

O société de frères, y est-il dit, prenez garde de rien trouver de repréhensible parmi les œuvres que notre seigneur fait au milieu de vous, ou d'avoir à son sujet des idées mauvaises, car alors vous seriez au nombre de ceux dont la religion est sans fruit (2).

Il a déjà été dit que, sous son kalifat, Hakem avait refusé toute distinction honorifique se contentant du titre de prince des croyans ; aussi, la première chose que Hamzé régla, en proclamant sa divinité, ce fut la formule qui convenait à son maître ; la voici :

« Vous direz d'abord tout bas et sans que cela paraisse :
« *es-selam* ! que la paix vienne de toi, ô notre seigneur,
« que la paix retourne à toi ; c'est à toi que convient par
« excellence la paix ; ta religion est le séjour de la paix.
« Tu es béni et exalté, ô notre maître, très-haut, à qui
« appartiennent la gloire et l'honneur. » (3).

L'enseignement des Druses sur la dernière venue de Hakem consiste en ceci :

Il se montrera à ses créatures sous des voiles et entouré d'une troupe d'anges, que dirigera leur maître l'imam du siècle (Hamzé). Ce sera pour juger les nations et en donner le gouvernement à ses élus.

« La figure humaine et sensible sous laquelle notre
« seigneur, le dieu Hakem, apparaîtra, en ce jour-là, aura
« un caractère tout particulier de majesté et de grandeur.
« C'est en raison de cela que cette figure est nommée
« *Béhaeddin*, la figure spirituelle du jour de la résurrec-
« tion. » (4).

(1) Fascicule 5.

(2) De Sacy. — *Man. de ta Bibl. Imp.* I, 294.

(3) De Sacy. — *Exp.* I, 136. — La réponse à la 54e quest. du catéchisme druse se compose de cette même formule.

(4) De Sacy. — *Exp.* II, 644.

La cause de la mort de Hakem est ainsi racontée dans l'histoire des dynasties egyptiennes.

Le kalife avait résolu la perte de sa sœur Seïdet-el-Meulk et, pour la trouver en faute, il devait employer certaines investigations.

Justement effrayée des intentions de Hakem, cette princesse se mit à chercher un moyen de se défaire de son frère. Pour cela elle se rendit, une nuit, auprès de *Seïf-el-Doulat*, fils de *Daouach* — lequel était du nombre de ceux qui devaient être sacrifiés par Hakem — et s'annonçant comme la sœur du kalife elle en reçut les témoignages de respect et de déférence qui lui étaient dus.

« Vous savez, dit-elle à ce chef des troupes, quelle a été « la conduite de mon frère à l'égard de tant de savants « qu'il a sacrifiés, et comment il a fait mettre à mort les « personnages les plus apparents du gouvernement ; aussi « ne serez-vous pas surpris d'apprendre qu'il a le dessein « de nous immoler l'un et l'autre à sa fureur. »

L'émir qui sentit l'imminence du péril lui répondit : « Que faut-il faire pour s'en débarrasser ? »

« Mon avis, lui dit aussitôt Seïdel-el-Meulk, est que « vous me prépariez des hommes qui se chargent de « l'assassiner lorsqu'il se rendra à *Hélouan*, parce qu'il a « l'habitude de s'en écarter avec sa seule monture. Après « cela vous prendrez la direction du gouvernement de son « fils et vous serez son ministre. »

Quand ils se furent ainsi entendus, la princesse retourna à son pavillon.

« A la pointe du jour, Hakem sortit selon sa coutume et « il se sépara, au milieu de la route, de son cortège.

« Les cavaliers étant allés, selon leur habitude pour le « rencontrer, à son retour, avec les chevaux de parade et « les troupes, l'attendirent sept jours sans qu'il vint ; ce « qui les fit insensiblement arriver à *Deir-el-Kasser*. Mais « pendant qu'ils étaient dans la montagne ils aperçurent « son âne, couleur Isabelle, sellé et bridé. Ils suivirent « ses traces jusqu'à l'endroit appelé *Maksié*, à l'orient de

« *Hélouan*; là un homme du cortège étant descendu vit « les habits (de Hakem) composés de sept pièces entières, « de vêtements riches, royaux, et ne le *trouvant pas dedans* « ils n'eurent plus de doute sur sa disparition.

« Ces gens retournèrent alors au Caire. Cet évènement « eut lieu le 27 chevoual, 411 de l'Hégire.»

Cette narration est confirmée par quelques écrivains (1) qui se seront probablement répétés.

J'ai appris en Syrie que la mort de Hakem était attribuée à Hamzé et je dois croire, dans l'hypothèse même de l'histoire qu'en a faite M. de Sacy (2), que s'il n'en fut pas l'auteur direct et apparent — ce rôle ayant été donné à Ebn Daouach — il l'a été secrètement, c'est-à-dire par sa connivence avec Seïdet-el-Meulk.

Si l'on m'objecte le sentiment des historiens, je répondrais qu'on a lieu d'être surpris que l'un d'eux, Makrisi, n'ait pas même fait mention de la prétention de Hakem de se donner pour Dieu, lorsqu'il ne peut l'avoir ignorée (3). Il insiste, au contraire, sur ce qu'il avait recommandé aux prédicateurs des mosquées de demander dans leurs prières au très-haut « d'être propice à Mahomet son élu, d'accorder « le salut au prince des croyants, Ali le bien-aimé, etc.» Sans considérer que cela s'est passé pendant qu'il exerçait le kalifat et qu'il professait le musulmanisme.

On doit être également étonné que cet auteur, d'ailleurs estimé, ne dise pas que Hamzé a été ministre de Hakem depuis 403 jusqu'à sa fin qu'il attribue à une simple

(1) Entr'autres Georges el Makin page 24.

(2) D'après M. de Sacy, Hakem et sa monture favorite se sont cachés dans le mur que les arabes appellent *cloison d'Alexandre* (muraille de la Chine) jusqu'au temps où il lui plaira de se manifester contre les polythéïstes et de les faire périr. — *Hist. et Mém.* 2, 95.

(3) L'aveu que fait M. de Sacy du silence de Makrisi sur les six dernières années de la vie de Hakem prouverait assez que cet historien n'a voulu s'occuper de ce personnage, qu'en sa qualité de kalife et qu'il s'est arrêté au moment où il l'a vu prétendre à la divinité. — *Exp.* Introd. CCCLXXIX.

disparition (1), n'ajoutant aucune foi à ce que d'autres écrivains rapportent de son assassinat, à cause de l'intrigue que Seïdet-el-Meulk entretenait avec Hamzé.

Aussi déclare-t-il fausse, en tout point, l'accusation qui fait de cette princesse l'auteur du meurtre de Hakem. D'après lui et *Mésihi*, autre auteur arabe, ce serait un certain Hossein et trois individus qui auraient tué le kalife par zèle pour la gloire de Dieu (2).

Nous trouvons cette version peu vraisemblable, tandis que celle par nous rapportée nous paraît confirmée par les faits suivants :

1° L'habitude du kalife de se défaire despotiquement de tous ses ministres ;

2° Le seul expédient qui restait à la princesse de sauver son amant, depuis qu'elle avait appris qu'il serait mis à mort à cause d'elle et que sa propre condamnation, d'après l'impression produite par les placets diffamatoires, cités ci-devant, n'avait été que retardée ;

3° La disparition absolue de Hakem et le calme qui suivit cet évènement, chose qui n'aurait pas été naturelle sans l'entente dont nous avons parlé.

Quant aux raisons qu'a eues Seïdet-el-Meulk d'employer de préférence Ebn Daouach, chef des troupes, nous les trouvons dans l'énergique capacité qu'il lui offrait et dans les ménagements qu'elle devait à son amant, en ne l'exposant pas. Ce qui constitue une preuve de plus de ses relations intimes avec Hamzé.

Cela explique, en même temps, pourquoi il a été conservé, tandis qu'on n'a pas tardé à se défaire d'Ebn Daouach sur l'ordre de la princesse, et même de sa main à ce qu'on prétend (3).

(1) Par le fameux souterrain. De Sacy. — *Exp*. I, 217. (Voir ci-après, p. 69, note 1.

(2) De Sacy. — *Chrestom.* II. 87 et 88.

(3) « Faisant venir le serviteur qui savait le secret, auquel elle « avait donné ordre de fermer les portes du palais, de se présenter « devant Ebn-Daouach et de parler ainsi : Notre maître Daher vous

Ainsi l'exécution de celui qui venait d'exposer sa vie, pour lui rendre service, n'aurait pas eu lieu si un intérêt quelconque l'eût liée à l'émir, les promesses qu'elle lui avait faites n'étant qu'un funeste leurre.

L'action de la princesse eût été des plus insensées si, en se montrant cruellement ingrate, et se privant d'un ferme appui, dans un moment où elle allait se trouver exposée aux réactions populaires, qu'amène toujours la fin d'un règne tyrannique, elle n'avait eu une confiance aveugle dans la puissance de Hamzé et son habileté à développer le plan de religion dont il s'était si glorieusement occupé.

Voici cependant une objection :

Seïdet-el-Meulk a-t-elle pu promettre à Ebn Daouach qu'elle lui donnerait la direction des affaires en faisant proclamer son neveu, qui n'était qu'un jeune homme incapable, lorsque, d'après le plan arrêté par Hamzé, le dieu Hakem, n'étant pas engendré et n'engendrant pas, ne pouvait avoir laissé un héritier légitime? Il s'en suivait dès lors que le pouvoir écherrait de droit à celui qui serait en possession de la puissance terrestre à défaut de l'autorité divine. .

Comment admettre, d'un autre côté, ce successeur par héritage, lorsque le kalife avait désigné Abderrahim, fils d'Elias, pour lui succéder? Seïdet-el-Meulk eut soin de prévenir celui-ci à la mort de Hakem, et l'on dit que profitant de cet évènement il se rendit indépendant. Ce fait quoique invraisemblable, puisqu'il s'agissait de la succession légitime au pouvoir suprême, justifierait néanmoins le prétexte dont la princesse se servit pour le faire enfermer dans une prison du Caire où il mourut (1).

« mande que c'est ici le meurtrier le son père, Hakem Bi'amer Al-« lah.. Elle prit là-dessus, elle-même, l'épée et tua Ebn Daouach « et ensuite les deux serviteurs et tous ceux à qui elle avait dit « son secret.» El-Makin. — *Trad. fr.* 265.

(1) Il a déjà été question de la fin de ce gouverneur, p. 59, mais la version que nous venons de rapporter est la plus probable.

Un des premiers soins de Hamzé, après avoir publié que Hakem s'était nouvellement retiré dans le ciel, fut d'inviter le peuple à venir entendre les communications qu'il l'avait chargé de lui faire (1).

Il disposa la salle des audiences de manière à tirer le meilleur parti de l'événement, plaçant les vêtements du kalife à l'endroit qu'il occupait habituellement et préparant une espèce de charte qui, suspendue au plancher, laissait voir à tous quels étaient leurs droits et leurs devoirs.

Il sollicita ensuite l'adhésion des unitaires à une formule qui leur était présentée, pour les fixer définitivement à la religion de Hakem.

Tout cela nous confirme dans la pensée que c'est à Hamzé, et nullement à Hakem, qu'est dû le système religieux des Druses, composé il est vrai d'idées jouissant déjà de quelque crédit dans les pays qui environnaient le Caire et l'Egypte.

Profitant de l'impression obtenue, Hamzé préféra se contenter du second rang, dans la nouvelle croyance, plutôt que de courir la chance douteuse d'arriver au premier, qu'il se réservait, au surplus, de prendre par la suite, et que ses affiliés ne manquèrent pas de lui donner.

Il se constitua, toutefois, le ministre tellement indispensable du dieu qu'il servait que, ses ordres ne devaient se transmettre, ses volontés se manifester, ses grâces se distribuer et ses vengeance s'exercer que par son organe.

Toutes ces considérations nous semblent suffisantes pour établir la complicité de Hamzé dans le meurtre de Hakem — s'il n'en fut l'auteur — s'étant mis ainsi à même de

(1) « Hamzé profita de la circonstance pour faire croire au « peuple que le commandant avait disparu en s'échappant de ses « habits, mais qu'il avait laissé un précieux manuscrit sur sa « doctrine. Cette fable que la sœur du commandant était inté- « ressée à accréditer, est devenue la base de la religion. » Regnault 13.

combiner, comme nous l'avons dit, ses mesures, de manière à réussir en tout. S'en serait-il occupé dans un autre cas et eût-il pu arriver si vite à ses fins ?

Il dirigeait, depuis quelques années, les affaires de l'Etat et il savait qu'il pouvait les continuer, sans leur laisser prendre un temps d'arrêt, ses connaissances variées devant le servir merveilleusement dans l'œuvre du nouveau culte qu'il venait de fonder ; il ne devait pas, non plus, s'inquiéter du fils de Hakem, dont il avait rabattu les prétentions et qui n'était à ses yeux qu'un enfant sans force.

Toutefois, le parti musulman, s'appuyant sur la légitimité, proclama Ali Daher successeur de son père, au kalifat, et s'emparant du pouvoir il en chassa tous les unitaires.

Nous reviendrons sur ce sujet dans la suivante section que nous consacrerons à la partie historique de la religion des Druses.

M. de Sacy qui ne fait pas intervenir Hamzé, dans le meurtre de Hakem, ne le cite même pas à cette occasion. Il ne laisse point, néanmoins de reconnaître : que la prédication de ce ministre a été antérieure à l'éclat produit par Darazi; qu'il mettait un zèle extraordinaire dans l'œuvre du prosélytisme en faveur de la religion de Hakem ; qu'il montra un ardent désir de la voir triompher ; que ce fut dans ce but qu'il prit le titre de glaive de la foi et que son incontestable talent le favorisa singulièrement dans cette cause naissante. Il reconnaît également que ce fut lui qui composa le *diplôme suspendu* et « qu'il continua « longtemps à soutenir l'espérance de ses disciples en leur « annonçant le retour prochain de Hakem. » (1).

On verra; dans la seconde section, qu'en choisissant, dans la religion Druse, le rôle d'Intelligence infinie, Hamzé était tout et partout.

(1) *Exp.* II, 192. — On doit sous-entendre que c'était du lieu de sa retraite que Hamzé agissait.

Ses nombreux ouvrages font l'énumération fastueuse de ses qualités innombrables et il va jusqu'à dire que la *résurrection* (1) dépend de lui ; qu'il est le dispensateur des grâces qui s'accordent sans interruption. Quel rôle restait-il après cela à la divinité ?

La subtilité de son esprit faisait qu'il ne laissait s'élever aucune critique, ni la moindre objection, en matière de religion, sans la vaincre, du moins sans la combattre. Je ne citerai que peu de faits : je les emprunterai au savant ouvrage de M. de Sacy.

Pour expliquer la contradiction qui résulte de l'incarnation de la diviné, avec le dogme que le créateur ne peut être saisi par les sens, Hamzé résoud la difficulté en citant la croyance commune aux juifs, aux chrétiens et aux musulmans, que Dieu habite dans les cieux, qu'il est assis sur un trône, qu'il s'est caché dans un arbre, d'où il a parlé à Moïse..... Et on ne conteste pas cette vérité, dit-il ?, « Certes nous pouvons, avec bien plus de justice et de « raison lui attribuer ces voiles et cette parole, nous qui « disons qu'il s'est caché sous une figure parlante, savante « et pure, qui est celle d'un de ses élus ; car son vicaire et « son élu est plus propre à lui servir de voile et de parole « qu'un arbre desséché, une pierre ou une idole. » (2).

Il répondit à ceux qui trouvaient extraordinaire que le créateur ait eu besoin de paraître et de disparaître à différentes époques.

« Tous les hommes conviennent que le créateur est « puissant, mais où serait sa puissance s'il était toujours

(1) Les Druses entendent par ce mot le jugement dernier, les corps ne devant pas ressusciter.

(2) De Sacy. — *Exp.* I, 51.
« Le créateur nous ayant fait voir le voile sous lequel il s'est « caché et le lieutenant par lequel il parle. c'est lui que nous « voyons, à qui nous obéissons, dont nous entendons le discours « et auquel nous adressons nos paroles,.... donc il est plus juste « que celui qui entend et comprend dieu, ait la disposition de la « parole et de l'œuvre de dieu plutôt que ce qui ne comprend « rien de sa part. » — *Épître de la Découverte de la Vérité.*

« demeuré caché sans jamais se manifester ? Ne serait-ce « pas une marque qu'il aurait été dans l'impuissance de « se manifester ? Si, au contraire, il s'était toujours mani- « festé, sans jamais se cacher, c'est assurément qu'il aurait « été dans l'impuissance de se cacher. De même, si dans « toutes les manifestations il avait paru sous une seule « figure et dans un seul état, ce serait encore là une preuve « d'impuissance. » (1).

Lorsque Hamzé croyait devoir user d'une certaine retenue, c'était par son disciple Moktana, dont le brillant esprit a si puissamment concouru à l'établissement de la religion de son maître, qu'il faisait répondre aux observations du public, sur les principes de la doctrine unitaire, qui est toute personnifiée dans l'imam et idéntifiée avec Hamzé :

« Toutes choses se divisent en deux parties, dont l'une « surpasse l'autre en excellence et l'autre est surpassée ; « celle qui est moins excellente doit suivre celle qui l'est « davantage ; ce sont là les deux extrémités. L'extrémité « de la religion c'est l'imam qui appartient au seigneur « exempt de tout attribut et digne d'adoration, et il est « aussi l'extrémité des choses formées et composées, par « rapport à ses serviteurs les ministres. La troisième classe « d'hommes reconnaît son unité (l'unité de notre seigneur) « par l'intelligence, suivant ce que nous avons dit précé- « demment, que la confession de l'unité est un don fait « par celui qui est unique aux unitaires. » (2).

Les écrivains Druses se sont, au reste, uniformément accordés à enseigner qu'on ne devait s'attendre à aucune nouvelle manifestation de la divinité, jusqu'au retour de Hakem, et que ce serait l'époque du triomphe promis à la religion qu'il a fondée.

Quelles que soient, au surplus, les allures qu'ait pris

(1) De Sacy. — *Exp.* I, 63.
(2) De Sacy. - *Exp.* II, 486.

cette croyance et les dehors dont elle s'est parée, c'est au caractère de celui qui en fut l'auteur que nous devons nous arrêter un instant de plus, en finissant cette esquisse de sa vie, pour partager l'étonnement de M. de Sacy, « qu'un « tel monstre, aussi fou que dénaturé, se soit mis dans la « tête de se faire adorer comme Dieu,.... qu'il ait trouvé « des hommes à talent qui l'aient aidé dans une pareille « entreprise; que ces hommes aient réussi à établir une « religion dont le principal dogme était la divinité de « Hakem; qu'en peu d'années cette religion ait eu beau- « coup de prosélytes; que la mort du tyran déifié n'ait pas « rompu le charme, et qu'après huit cents ans cette religion, « sans avoir jamais eu une époque de puissance et de « gloire, se conserve encore au milieu des vexations de « tous genres, c'est assurément » je le reconnais avec M. de Sacy « une phénomène historique bien remarquable.» (1).

J'ajouterai, néanmoins, que si un fléau tel que Hakem a pu recruter des sectateurs, parmi les disciples de Mahomet, c'est précisément à l'impression que le novateur avait produite sur leur entendement qu'est dû le succès; ce qui a porté notre illustre auteur à convenir qu'*il n'y a aucune vraisemblance que Hamzé ait jamais réussi à établir une croyance si insensée, s'il n'eût trouvé les esprits préparés depuis longtemps à ses dogmes* (2).

Mahomet avait tellement accoutumé son peuple à l'idée que rien ne se faisait sans le concours, ou la permission de Dieu, que le pouvoir extraordinaire exercé par Hakem, sur ses sujets, ne pouvait être, dans son évidence, qu'un signe de l'éclatante protection dont le kalife jouissait auprès de la divinité, laquelle le choisissait pour en faire l'instrument de ses grâces et de ses châtiments; ce que confirmaient ses bontés et ses méchancetés. Ce fut, en conséquence, par cette raison que les sectateurs de Hakem arrivèrent insensible-

(1) De Sacy. — *Mémoire de l'Inst.*
(2) De Sacy. — *Exp.*, introd. IV.

ment à croire que puisqu'il se déclarait être gouverneur par sa propre autorité, par son essence, c'est qu'il devait en avoir le droit.

Sans l'horrible oppression, dans laquelle gémissait l'Egypte, ses habitants eussent facilement compris que celui qui s'arrogeait ce pouvoir n'était qu'un insensé, plein de vices, et qu'en obéissant à ses ordres ils s'associaient à la plus monstrueuse impiété. Mais du moment que leur malheur fut consommé, s'étant laissé infatuer de ces fatales erreurs, sans qu'aucune circonstance ait pu venir les en retirer, ils durent ajouter douloureusement foi à la puissance surnaturelle de Hakem et subir tous ses actes.

IIe SECTION.

VIES DE DARAZI, DE HAMZÉ

Et des autres Fondateurs de la Religion Druse.

La vie de Hakem, dont il vient d'être fait un assez long exposé, aura suffisamment démontré que c'est en sa qualité de kalife que cet étrange personnage a été amené à fonder une religion, et que son ministre Hamzé en est le véritable auteur, ayant seulement agi au nom de son maître toutes les fois qu'il n'a pu s'en dispenser.

Il est pourtant à propos de reconnaître, d'après ce qui a précédé, que le grand mobile du changement radical opéré dans le mahométisme, entièrement effacé chez ceux qui ont adopté la nouvelle foi, a été le missionnaire persan Darazi (1), attiré par la renommée de l'Egypte, si un motif plus attrayant, — pour quelqu'un que l'ambition travaille, — ne l'y avait plus vivement appelé.

Les guerres dynastiques qui affligeaient alors l'islamisme, et sans doute aussi la gloire toute particulière de Hakem, dont les excentricités s'ébruitèrent dans l'Orient avec la rapidité des faciles communications des temps passés et l'exagération asiatique, qui embellit ou enlaidit, tout cela dût singulièrement le déterminer.

(1) Il prît du moins l'initiative d'une audacieuse inauguration.

DARAZI (1).

Ce Persan, nommé Mohamed fils d'Ismaïl et surnommé *Darazi*, portait aussi le nom de *Neschtékin*.

Quelques auteurs veulent que ce *Daï* (2) ait été de la secte des *Baténis* ou *Ismaïliens*, et que s'étant mis, dès son arrivée, au service de Hakem, il ait commencé par publier *les choses merveilleuses* que faisait le kalife, en y employant sa voix et sa plume. Mais il en est d'autres qui font de Darazi un disciple de Hamzé, et comme cette opinion est la plus probable, je m'y arrête (3).

Nous avons déjà dit de quelle manière Darazi procéda; quel fut le résultat de ses écrits et de ses sermons au Caire, et comment il passa en Syrie, où il eut un plein succès.

Toutes ces circonstances ayant été rapportées très-sommairement, je dois y revenir pour les mieux expliquer.

Un écrit druse nous apprend que Darazi se convertit par le ministère de *Habbal*, Ali fils d'Ahmed, et que ce fut en adoptant la doctrine de Hamzé, ce qui en aurait fait un disciple de celui-ci, comme nous l'avons rapporté.

Mais l'accueil que lui fit Hakem, — auprès duquel ses principes devaient trouver la plus grande indulgence, — fut suivi de faveurs telles, qu'en le nommant son ministre, il lui subordonna les autres autorités, de façon qu'il eut la

(1) Nous ne commettons pas un anachronisme en plaçant Darazi avant Hamzé, les époques concernant ces individus étant très-incertaines, ce qui nous laisse libre de croire que Darazi ait été le premier arrivé. En lui donnant, d'ailleurs, la priorité, nous ne changeons pas l'ordre des *ministres* de l'unité, ses véritables fondateurs

(2) Missionnaire. C'est le titre qu'il prit en arrivant en Egypte.

(3) De Sacy, Exp. 11 159-199.

direction supérieure des affaires de l'Etat tant que dura son crédit (1).

On conçoit dès lors que les personnages en faveur, auprès du prince, durent en éprouver de la jalousie, et nous voyons, par les écrits de Hamzé, que celui-ci ne négligea rien pour faire déprécier son rival, tant il redoutait son empire. Aussi l'accusa-t-il de se mêler d'affaires étrangères à sa charge et de matières pour lesquelles il n'avait aucune mission, exerçant un ministère sans y avoir été appelé.

Darazi était signalé comme enseignant une doctrine dangereuse, et l'on invitait les habitants, ou plutôt les unitaires, à s'en éloigner. Il paraît qu'elle avait enlevé à Hamzé un grand nombre de ses disciples.

Ses griefs portaient sur ce que Darazi avait voulu s'emparer du ministère de la prédication, n'en ayant ni l'esprit ni la croyance. Il lui reprocha, en outre, d'avoir travaillé à une religion sans base, pour laquelle il eût désiré la communication des écrits de Hamzé (2).

Le talent que possédait ce ministre lui fournissait assez de moyens de combattre son ennemi, — qui le devint ouvertement, — et de détruire son prestige dans l'esprit de ses sectateurs (3).

Il le traita d'abord d'imposteur, parce que, ayant pu s'abriter sous le manteau du pontife (4), il s'était vanté de posséder sa dignité. Il prédit, à cette occasion, qu'au lieu

(1) Je crois, par simple conjecture, que cette haute distinction ne lui fut accordée qu'à son retour de Syrie.

(2) Voici sur quoi il fonda son refus :
L'auteur de la loi a dit ; « *Prenez garde que le croyant* ne découvre ce qui se passe en vous à certains signes de votre physionomie, car il voit par la lumière de Dieu. Le *croyant*, dans cette phrase, c'est l'Imam, et c'est moi qui suis cet Imam. Dieu, c'est la divinité de N. S. Je l'ai donc regardé avec la lumière de N. S, par sa grâce, et je ne lui ai rien communiqué de ce qu'il demandait. » De Sacy, Exp. II. 176.

(3) Basnage fait monter à 16.000 une première liste des prosélytes que Darazi procura à Hakem, sans expliquer s'ils n'étaient pas entachés de ses vices.

(4) Lui Hamzé, dont il était le disciple.

de montrer de la puissance, il ferait entendre son *mugissement*, et qu'alors son feu s'éteindrait.

A l'occasion du surnom que Darazi s'était donné de *Séïf-él-Eïman*, — épée de la foi, — Hamzé ridiculisa ce titre comme renfermant une absurdité.

« La foi n'a pas besoin de glaive qui prenne sa défense;
« ce sont les croyants qui ont besoin de la force du glaive
« et de son secours puissant. (1) »

Sur ce que Darazi prétendit être le chef des directeurs, et par conséquent supérieur à l'Imam — lui Hamzé — il l'accusa de vouloir user d'aussi mauvaise foi, dans les croyances religieuses, qu'il avait fait dans la fabrication de la monnaie, qui semblait être une de ses attributions, et il dit à ce propos :

« Darazi s'est imaginé que la religion de l'unité était
« également susceptible de falsification. »

Sa grande faute avait été de refuser d'adorer celui que le Seigneur a *établi*, *institué*, *choisi et déclaré son vicaire dans la religion*, *le dépositaire de ses secrets*, *le directeur de son culte* (2).

Nous avons dit que pour donner à Hakem une origine divine, Darazi le déclara possesseur de l'âme d'Adam, qui a été aussi celle d'Ali et des ancêtres de Hakem; mais Hamzé l'a blâmé d'avoir tenu ce propos, d'après lequel Hakem serait un pur homme, sans garder le secret qui était dans l'ordre de la sagesse et sans son assentiment personnel.

Darazi a certainement dévié de la ligne de conduite prudente qne Hamzé eût voulu lui voir tenir, mais, emporté par ses propres convictions, ce fut brusquement qu'il débuta, comme il a été dit, par proclamer Hakem créateur de l'univers.

Hamzé déclare à cette occasion que Darazi et *Berdhaï*,

(1) De Sacy, Exp. II. 173.
(2) De Sacy, Exp. II, 174.

son compagnon, « out parlé sans connaissance et sans « science; qu'ils ont agi pour un autre objet que pour « Notre Seigneur, et qu'ils ont élevé un bâtiment sans « fondement (1). »

Pour montrer, quant à lui, qu'il ne pouvait associer personne à sa puissance, il a fait ce raisonnement :

« La lumière de l'Imamat, qui est celle de la direction, « ne peut se partager en même temps entre deux per- « sonnes, attendu que le pontife est une lumière parfaite « et entière, qui ne se fractionne pas, et qui ne souffre « ni l'impureté, ni la souillure de la concurrence, laquelle « se changerait en inimitié, et que s'il y avait dans le « monde quelque chose qui dépassât en excellence le pon- « tificat, certes, N. M., dont la mémoire soit glorifiée, se « ferait appeler de ce nom sous sa forme humaine ou exté- « rieure ; mais il n'a paru que sous celui d'Imam (pontife), « et cela doit nous faire connaître que c'est le plus illustre « des noms (2). »

« J'ai écrit, dit encore Hamzé, une lettre à Neschtékin « Darazi, et je lui ai fait connaître que toute chose exté- « rieure en avait une intérieure qui lui correspondait; « qu'il y avait toujours une âme et un corps, et que l'un « ne pouvait subsister sans l'autre. Ce que vous prétendez, « ai-je ajouté, d'être chargé de manifester, — la doctrine « unitaire — vous n'en avez pas le pouvoir et la faculté; « car ce ministère renferme un corps et une âme, et de ces « deux choses, vous ne possédez ni l'une ni l'autre. L'âme « c'est la science véritable dont vous êtes vide (3) et dont « vous ne connaissez pas la grandeur (4). Pour moi, j'ai « fait connaître de cette science véritable plus que vous « n'en pourrez jamais comprendre, ni vous, ni tous les

(1) De Sacy, Exp. II. 176.

(2) Pétis de la Croix, man. fr. 582. I. 101.

(3) Glose : Vide de la doctrine de la secte.

(4) Glose : La vaste étendue et ce qu'elle renferme de plus grand, qui est l'Imam.

« hommes, et cela par la grâce de N. S., et non par ma « force ou mes facultés. A lui seul en soient la gloire et « l'action de grâce! Quant au corps de ce ministère, c'est « le glaive (1) que N. S. m'a promis, et il ne change point « ses promesses. Si donc vous prétendez être fidèle croyant, « reconnaissez-moi pour Imam, comme vous l'avez fait « d'abord, afin que vous puissiez ensuite convaincre les « disciples du Psautier, par les psaumes; les disciples du « Pentateuque, par le Pentateuque; les disciples du Koran, « par la lettre de la révélation; les disciples de la loi inté- « rieure, par l'interprétation allégorique elle-même, et les « philosophes qui s'en tiennent au raisonnement, par les « divisions de l'univers, les planètes, les arguments tirés « du bon sens, et par eux-mêmes; en sorte que vous « fassiez connaître à chacun d'eux les vices de la religion « qu'il professe; et qu'ainsi vous annonciez dans toute sa « pureté le culte de N. S., la doctrine de l'unité et la sépa- « ration d'avec Iblis et ses partisans, sans maudire aucun « des anciens : car la malédiction n'ajoute et n'ôte rien à « la religion. Parlez donc aux hommes de la manière la « plus honnête (2); car N. S. aime ceux qui font le bien. « Si vous en agissez ainsi, les cœurs des hommes se rap- « procheront de nous, et leurs langues cesseront de nous « maltraiter, jusqu'au temps où il plaira à N. S. de les « perdre, et de me remettre son glaive (3). »

Toutes ces démarches ne purent ramener Darazi du travers qu'il avait pris avec sa nombreuse secte, composée sans doute de la partie la moins saine, par conséquent la plus immorale du peuple, et les auteurs rapportent que ce ministre et quatre chefs de son parti, Berdhaï entr'autres, périrent en 410.

(1) Glose : Glaive qui fera la séparation au jour de la résurrection.

(2) Mahomet recommande aussi la modération et la politesse dans les discussions, surtout en matière de religion. Koran, sur. 16, v. 126 et s 29, v, 45.

(3) De Sacy, Exp. II. 179.

Cette date prouverait, à elle seule, que le meurtre de Darazi eut lieu à son retour de Syrie, parce que cela donnerait un espace de plus de deux ans, George el Makin faisant commencer sa mission vers 408 (1). — Selon cet auteur les troubles, qui suivirent cet évènement, furent sérieux ayant duré trois jours, pendant lesquels des partisans de Darazi furent aussi massacrés (2).

Les écrits des Druses, dont l'obscurité, la confusion et les contradictions sont quelquefois extrêmes (3), laissent à supposer que Darazi était retourné de Syrie après l'évènement qui l'y fit envoyer secrètement, Hakem n'ayant probablement pas voulu l'abandonner dans la position où il s'était mis par un excès de zèle pour son maître.

Il a été dit que le kalife ne se contenta pas de le protéger, puisqu'il lui donna de l'argent, et que ce moyen concourut puissamment au succès qu'il obtint dans la Syrie centrale, parmi les peuples dont le sentiment religieux était extrêmement affaibli, et qui flottaient alors au milieu du tiraillement des partis.

Les divers ouvrages que j'ai consultés sur la nation Druse ne m'ont fait connaître aucun acte sévère de Hakem, pendant les dissensions de ses ministres, et attendu l'irascibilité et la cruauté de son caractère, on a lieu d'être surpris qu'il n'ait pas employé son autorité à faire cesser ces divergences, et surtout qu'il ait laissé immoler Darazi à la haine de Hamzé.

(1) Je cite cette date sans l'adopter, devant m'en tenir à l'observation que j'ai faite à la page 76, note 1.

(2) Adler, 109.

(3) M. de Sacy dit, en parlant des écrits druses :
« Dans une matière aussi obscure, et où les auteurs originaux « employent souvent des expressions détournées de leur sens « ordinaire, et pour ainsi dire énigmatiques, ce n'est que par la « comparaison d'un grand nombre de passages, qu'on peut espé- « rer d'entrer dans leur pensée et de pénétrer dans le fond de « leur doctrine. » I. Avertissement. V.
Dans d'autres endroits de son Exposé, il s'est plaint des contradictions qu'il a rencontrées sur plusieurs faits.

L'impassibilité de Hakem peut avoir eu une de ces deux causes : une phase de bonhommie, qui l'aurait rendu indifférent aux affaires les plus importantes de son gouvernement, ou la persuasion que Hamzé agissait seul dans le sens de ses vrais intérêts, et que sa cause dépendait du triomphe de ce ministre.

Ce fait prouverait que les déclarations de Hamzé ne sont nullement exagérées (1) et que si Darazi a d'abord suivi ses errements, il s'en est écarté par la suite, parce que n'avançant que lentement dans la pratique de la sagesse, qui lui imposait d'ailleurs de la réserve et le secret, il s'est laissé aller à sa propension pour les principes qui lui avaient si bien réussi en Syrie, et pour lesquels il s'imaginait que les rives du Nil lui fourniraient aussi de nombreux partisans.

On peut induire toutefois du fait rapporté par M. de Sacy (2), — la sortie de Hamzé, de sa retraite en 410 — que dégoûté de l'opposition que lui faisait Darazi, l'Imam avait quitté son poste, et qu'il le reprit lorsque la confiance lui fut rendue. Cette rentrée aux affaires coïncide, du reste, trop avec la date du meurtre de Darazi pour ne pas en accuser le ministre rival.

L'occasion me porte à consigner ici une réflexion qu'il est à propos de ne pas retarder. Les livres sacrés des Druses, ainsi que les relations de quelques voyageurs, nous ont, tour à tour, montré la religion de cette nation comme basée sur des principes convenables, ou fondée sur une immoralité révoltante, et cette dissidence extrême embarrasse tellement l'observateur, qu'il ne sait à quelle opinion se ranger.

Je me suis trouvé dans une égale perplexité; or, ce n'est qu'à la suite d'une étude particulière des écrits druses et de tout ce qui a été publié sur cette secte, que j'ai reconnu qu'un schisme a existé dans son sein, dès sa naissance,

(1) Celles qui viennent d'être rapportées.

(2) Exp. II. 189.

comme nous venons de le voir (1), et que les deux croyances ont marché de front et se sont maintenues, — si elles n'ont pas éprouvé d'autres subdivisions, — à la faveur des troubles et de l'anarchie qui régnaient dans les deux provinces, la Syrie et l'Egypte.

Quelques actes de Hakem édifièrent profondément ses sectateurs de l'ordre relevé, pratiquant la vertu, tandis que d'autres convinrent aux gens des rangs inférieurs, qui penchaient pour le dérèglement des mœurs ; c'est donc par la suite que des dispositions aussi opposées furent converties, dans les deux sectes, en principes religieux.

Il est ainsi des Druses qui ne se sont pas écartés des règles prescrites par Hamzé ; mais s'il en est en dehors des deux divisions signalées, je dirais que les différences qu'elles peuvent présenter sont toutes naturelles de la part d'individus n'étant astreints à aucune loi, et ne suivant proprement que des règles de leur invention.

Je n'ai fait que nommer Berdhaï, Abou Mansour, que Hamzé fit aussi inviter à entrer dans la religion de l'unité, et duquel il obtint pour réponse : « qu'il ne se déterminerait que sur l'ordre même de Hakem. » Ce propos fit concevoir des doutes, qui se vérifièrent lorsque l'envoi d'un message de Darazi, accompagné de pièces d'or et de promesses, l'eut engagé à se rallier à son parti. Ce fut le motif qui fit confondre ce personnage, surnommé Pharaou, dans la réprobation de Darazi et ses compagnons, parce que Hamzé déclara qu'en s'adjoignant à l'autre, il l'avait *aidé à ouvrir* les portes du malheur et de l'apostasie (2).

(1) Page 60.

(2) De Sacy, Exp. II. 177.

HAMZÉ.

Il a été rapporté que Hamzé, fils d'Ali fils d'Ahmet, natif de Perse, — ce sont ses écrits qui nous l'apprennent — s'était annoncé comme devant étonner par ses qualités et ses actions (1).

« Ma mission, avait-il dit, date de l'époque du monde, « et dans tous les âges le Tout-Puissant m'a envoyé au « milieu de vous sous une autre forme, avec un autre nom « et un autre langage (2). »

Hamzé s'est appliqué un passage du livre de la sagesse où il est annoncé que la vérité paraîtra comme un étranger, et qu'un *étranger* en prendra la défense (3).

Nous avons vu de quel crédit et de quelle autorité Hamzé avait joui du vivant de Hakem, surtout depuis qu'il se fut débarrassé de son antagoniste. Son premier soin fut de jeter solidement les bases de sa future puissance, et pour lui donner toute la légalité possible, il l'établit par l'édit qu'on trouva attaché aux chaires à prêcher après la disparition de Hakem (4)

« Il y est souhaité un bon succès à ceux qui, s'étant « réveillés du sommeil de l'inadvertance, se sont retirés « des vices de l'erreur, et qui, avec une foi sincère, se

(1) Le mot arabe *adjémi*, *persan*, signifie aussi étrange, étonnant, inconnu.

(2) Epitre de la voie droite, manuscrit 112. 186.

(3) De Sacy. Exp. II. 156.

(4) M. de Sacy rapporte, d'après le Recueil des Druses, que cet écrit fut suspendu dans les mosquées, tandis que le Catéchisme ne fait mention que de l'une d'elles (76e question), d'où l'on peut induire que Hamzé fit transporter dans le palais la charte d'abord appendue à la voûte ou à la porte de la principale mosquée, et que si elle a été appliquée sur toutes les chaires, pour plus de ublicité, ce soit d'une des copies qu'il ait fait usage.

« sont empressés de demander pardon à Dieu, Très-Haut, « et à son saint ami, qui est son apôtre vers les hommes, « son vicaire sur la terre et son intendant sur les créa- « tures, le Prince des fidèles.

Cet écrit fut le point de départ de la religion que Hamzé allait achever de régulariser, et qui avait eu pour fondement les audacieuses tentatives de Darazi.

Etant trop étendu pour être rapporté en entier, nous nous bornerons, malgré son importance, à n'en donner qu'une courte analyse (1).

« Au nom de Dieu clément et miséricordieux. Les ré- « compenses futures sont destinées à ceux qui reviennent « de l'erreur par un repentir sincère, lequel fait opérer « leur conversion à Dieu et à son vicaire sur la terre qu'il « a chargé du soin de ses créatures.

« Elles appartiennent aussi à ceux qui, entrant dans « l'association des hommes craignant Dieu, ne refusent « pas de croire au jour du jugement, devant venir tout « d'un coup, pour rémunérer les auteurs du bien et punir « les pécheurs, les déserteurs de la vérité, malgré les « instructions et avertissements reçus et les bontés dont « ils ont été comblés par Hakem, qui a constamment re- « noncé à ses droits sur eux. Tous ces bienfaits inutiles « n'ont fait que les rendre plus coupables, surtout par « l'inimitié montrée les uns envers les autres. Cet excès « de désobéissance, en mettant Dieu en colère, a été la « cause de la retraite de son lieutenant, lequel, en signe « de réprobation, a fermé les portes de la secte et supprimé « les séances de la sagesse » — Ici l'édit cite l'abolition des devoirs et usages comme autant de marques de mécontentement du Kalife.

« Les fidèles furent dès ce moment abandonnés à eux- « mêmes, aussi ont-ils flotté dans l'irrésolution, sans re- « venir toutefois à la vérité. Cependant ils devraient con-

(1) On le trouve en entier dans la Chrestomatie arabe de M. de Sacy, II. 191 et suiv.

« sulter Dieu, son apôtre et leurs chefs pour sortir de « leurs doutes; car Dieu est proche d'eux, et il exauce « ceux qui l'invoquent. — Hâtez-vous, ô hommes; puri- « fiez vos cœurs; que vos intentions soient droites. Re- « tournez au maître de l'univers, et il vous pardonnera en « vous faisant miséricorde; mais gardez-vous de vous in- « former de ce qu'est devenu l'Emir des fidèles... Ne cessez « pas de prier jusqu'à ce que Dieu paraisse sur vos têtes « satisfait de votre conduite. Le moment du jugement « arrivera alors, et la vengeance tombera sur les hommes « rebelles. »

Cette proclamation, commençant par des promesses, continuant sur le ton du reproche et des menaces, exaltant extraordinairement les faveurs accordées aux musulmans, pour mieux faire ressortir leur ingratitude, et débitant des lieux-communs, appuyés sur des préceptes moraux, pour harmoniser le tout avec le principe de l'unité, constitue le thème général des actes fondamentaux des faiseurs de religions.

En présentant cet écrit à l'assemblée, Hamzé lui dit :

« Pénétrez-vous de ces secrets, car je vous lis un ma- « gnifique diplôme. Notre Maître, en apparaissant dans « son royaume, m'a institué son lieutenant (la base de « sa religion) (1). »

Hamzé se mit dès lors à l'œuvre pour le développement de ses doctrines.

Il commença par des prédications, choisissant pour cela des personnes dignes et qui lui plaisaient davantage. Il établit en même temps une peine contre les missionnaires qui outrepasseraient leurs pouvoirs (2).

Si l'on s'apercevait que les individus admis à la prédication avaient une prononciation barbare ou incorrecte, ils étaient aussitôt renvoyés (3).

(1) Adler, 112.
(2) Ep. de l'engag. des femmes.
(3) De Sacy, Exp. II. 66 .

Il a été dit qu'on leur recommanda une extrême prudence, soit pour n'attirer les peuples que par l'attrait de la parole et des bons sentiments, soit pour éviter des conversions douteuses.

Par suite de ces précautions, le converti, qui faisait la déclaration d'adhésion, était interrogé sur la connaissance des ministres et sur les *sciences*, et ceux que les missionnaires déclaraient assez instruits étant reçus, ils arrivaient graduellement à la plus *profonde instruction* (1).

Mais il advint que des imposteurs, trompant la bonne foi du directeur, agirent contre lui, ce qui fit que l'enseignement cessa d'être public (2).

« Le succès de Hamzé, dit M. de Sacy, en établissant « sa croyance, basée sur sa folle divinité, n'est dû qu'à « la corruption que le fanatisme politique des partisans « d'Ali et celle des Perses avaient introduite dans la sim- « plicité primitive de l'enseignement de l'islamisme (3) »

Il est rapporté dans l'un des écrits des Druses (4), que dans le commencement, les hommes étaient *prophètes* et les femmes *vicaires*, et que les uns et les autres remplirent dignement ces beaux rôles du pontificat.

Mais la rareté de si nobles exemples induisit les fervents unitaires du Caire à y suppléer, en forçant ceux que les caravanes y amenaient à embrasser leur foi.

L'empressement du peuple à adopter les doctrines nouvelles fut, en conséquence, l'œuvre de la contrainte, non celle du fanatisme, la peur y ayant plus déterminé les esprits que l'enthousiasme.

Cette violente sollicitude était d'autant plus étonnante que, d'un côté elle s'exerçait contre des musulmans venus de l'Occident le plus éloigné pour remplir un précepte religieux, — le pèlerinage de la Mecque, — et que de l'autre,

(1) Epit De la découverte de la vérité.

(2) Epit. Da la découverte de la vérité.

(3) Hist. et Mém. III. 89.

(4) L'engagement des femmes

les auteurs Druses accusent ces convertisseurs de ne pas comprendre eux-mêmes les principes fondamentaux de leur religion, ni le véritable sens de l'unité qu'ils voudraient enseigner aux autres (1).

C'est, sans doute, à ces fanatiques qu'on fut obligé de dire : « Mais vous avez sur vous un gardien qui entend vos « paroles et qui vous voit (2). »

La doctrine qu'ils montraient troublait d'ailleurs les esprits, puisqu'en détruisant les principes consacrés par le temps, elle leur en substituait d'autres qu'on ne pouvait concevoir.

Hamzé s'octroya également la gloire de sept apparitions successives à partir du temps d'Adam, avec le nom de Schatnil, se nommant Pythagore sous Noé, David sous Abraham, Schoaïb (Jethro) sous Moïse, Eléazar sous Jésus, Selman el Farsi sous Mahomet et Saleh sous Saïd (3).

Il se fit accompagner de douze disciples dès le commencement de son ministère.

Les arguments que Béhaeddin a employés pour prouver l'identité de Hamzé avec Jésus ont eu pour base les passages que les livres sacrés des chrétiens lui ont fournis, car il a appliqué à son héros toutes les allusions concernant la seconde venue du Messie.

Hamzé avait déjà paraphrasé, dans trois épitres, les Saintes Ecritures pour attribuer à la religion de Hakem tous les endroits qu'il trouvait lui être favorables, en leur donnant néanmoins des explications selon sa convenance.

Sur ce passage : « Quiconque garde ma parole, ne verra « jamais la mort, » il fait observer que Jésus n'a pas dit : « Celui qui fera mes œuvres ne goûtera pas le trépas, »

(1) Pétis de la Croix, man. fr. IV. 270.
(2) Pétis de la Croix, man. fr. III. 57.
(3) Niébuhr, II. 355.

parce que la parole est le signe véritable de la foi unitaire (1).

Tout ce que les Evangiles racontent des actions de Jésus et de ses disciples, Moktana l'applique à son tour à Hamzé et aux unitaires.

Les auteurs lui donnent les noms d'Esprit Saint, de Vérité, d'Oint véritable, d'Immolé, même de Fils de Dieu, puisque Hakem est le père, par rapport à lui.

Hamzé fait de son côté l'énumération suivante de ses pouvoirs, après avoir parlé de la création des grands-prêtres :

« Il m'a privilégié et donné la prééminence sur eux, en « ce qu'il m'a honoré de ses révélations et de ses béné- « dictions. Louange à celui qui m'a formé de sa lumière « et qui m'a favorisé de son esprit de sainteté, qui m'a « donné la science préférablement à tous les autres, qui « m'a remis l'intendance de ses affaires, et m'a fait confi- « dence des plus profonds de ses mystères, tellement que « je suis l'origine de ses créatures, le confident de ses « secrets et le dépositaire de ses dépôts privilégiés, de sa « science et de ses bénédictions; je suis la voie droite, et « par son ordre je suis sage et savant, je suis le Mont « Sinaï et le registre où sont écrites les œuvres de tous les « hommes et la maison abondante. Je suis le prince du « jour du jugement et des rétributions. Je suis celui qui a « soufflé, avec la permission du maître glorieux, dans les « corps sans âme. Je suis le pontife des saints et l'ensei- « gne manifeste, la langue des vrais croyants et l'appui « des unitaires. Je suis la trompette du jour du jugement, « et par mes mains se distribuent les grâces continuelles. « Je suis l'abolisseur des lois et l'exterminateur des peu- « ples qui suivent l'association et les nouvelles sectes. Je

(1) El Makin d'après Adler. 146.

M. de Sacy dit à ce sujet, que cette parole est la doctrine véritable de la religion unitaire. Exp. II. 481. Il s'agit de sa garde.

« suis le destructeur des deux Kiblas (1), l'extirpateur des « deux lois (2) et des deux témoignages (3). Je suis le « Messie des nations. Par moi leur vient l'abondance des « grâces, et par mes mains tombe la foudre et la ven- « geance dans les associants infidèles. Je suis le feu allu- « mé qui connait le fond des cœurs. Je suis celui qui aide « les grands-prêtres, qui les dirige à la foi ou l'unité de « l'adorable, et qui détruit les infidèles et les rénégats. Je « suis celui qui tirera l'épée de l'unité et qui exterminera « tout superbe et opiniâtre. Je suis le législateur du mon- « de, le directeur à l'obéissance du miséricordieux. Mal- « heur et tout malheur à ceux qui se seront retirés en « arrière (4). «

Hamzé s'est aussi appelé l'Ordre de Dieu, le Verbe de Dieu (5), le Signe ou Verset, la Balance de la justice et de l'équité.

La *lumière* dont saint Jean a fait mention est pareillement l'esclave de notre maitre Hakem.

Etant le Christ (6), il s'en suivait qu'il fut l'auteur du Nouveau Testament, qui est le livre le plus estimé par les Druses après ceux contenant leurs doctrines.

Hamzé s'est, en outre, constitué l'Adam de son siècle, se fondant pour cela sur ce verset du Koran : « Nous le

(1) La Mecque pour les musulmans, Kerbela pour les Persans.

(2) De Mahomet et d'Aly.

(3) Il n'y a point de Dieu que Dieu, et Mahomet est son prophète.

(4) Epit. des men. et des avertiss., man. fr 582. II. 179.

M de Sacy déclare n'avoir trouvé aucun éclaircissement sur l'origine de toutes les qualifications que Hamzé s'est données et sur le sens qu'il aurait voulu y découvrir. (Exp. II. 42.) Mais l'étalage fastueux de tous ces titres ne dit-il pas assez quels esprits cet ambitieux désirait capter, et combien il espérait les frapper par le nombre autant que par la grandeur de ses pouvoirs.

(5) Pétis de la Croix, man. fr. 583. IV. 76.

(6) Voir V. sect. 26, 87 et suivantes.

« rétablirons ainsi que nous l'avons créé d'abord une pre-« mière fois (1). »

Il a inféré de ce que Mahomet n'a pu comprendre tous les hommes dans son appel à sa croyance, que le véritable prophète chargé de ce soin a été *le directeur de la religion de Notre Maître*, le Pontife par son ordre, sur tous ses serviteurs, c'est-à-dire, lui (2).

La légalité de cette prétention il la fonde, sur ce que Hakem a revêtu ses serviteurs des dignités *intérieures* et *extérieures* possédées seulement par Mahomet et par Ali, ce qui les mettait en possession des deux *kiblas*, des deux procurations, des deux majestés, des deux vertus, des deux définitions et autres choses semblables (3).

Hamzé se servait d'ailleurs merveilleusement bien de son esprit, et si, par sa subtilité, il n'était pas toujours logique dans ses raisonnements, il les rendait captieux pour arriver au même but par cette autre voie. Voici son argument à l'effet d'être reconnu comme législateur, directeur et verbe :

« Les choses ne sont certaines qu'autant qu'elles ont de « réalité : lorsque les hommes spirituels de ce monde cé-« leste s'apparaissent sur cette terre, ils y descendent « comme l'âme dans le corps. Les âmes les font agir, les

(1) Allusion aux sur. XVII et XXVI. v. 53 et 79.

(2) La prétention de Hamzé repose aussi sur un passage du manuscrit que j'ai traduit : au nombre des merveilles que chaque manifestation de la divinité produisait était celle de se faire connaître instantanément dans toute la terre, « car s'il eut été un « seul individu auquel la prédication ne fut point parvenue, un « prétexte lui aurait été acquis. » — Théog. des Druses, § 141.

(3) M. de Sacy explique ce passage ainsi :
« Quant aux dignités extérieures ou intérieures (temporelles « ou spirituelles) qui appartenaient au Natek ou à l'Asas, N. S. « les a données à ses serviteurs et à ses esclaves. Tels sont « ces titres : *possesseurs des deux autorités, des deux surinten-« dances, des deux majestés, des deux excellences, des deux limites,* « etc. » — Exp. I. 125.
Il avait déjà dit : « L'intelligence et l'âme sont les deux dénominations *des deux racines*, ou principes primitifs *des deux asas*, *des deux kiblas*, etc. » — II. 86.

« obligeant à les servir, et lorsqu'ils comprennent ce qu'ils « veulent leur faire entendre, cela se fait comme l'action « du subtil sur l'épais, qui le soumet de son bon gré, et « qui s'en sert dans toutes ses affaires de son consente- « ment. De plus, c'est que tous les peuples tombent d'ac- « cord que le Créateur, dont la puissance soit glorifiée, est « juste; mais quelle justice requiert que le monde spiri- « tuel étant, comme ils le prétendent, représenté (1) par « des substances simples indéfinies, incompréhensibles « et imperceptibles aux sens, Dieu oblige les hommes à « les connaître : car aucun fils d'Adam n'est capable de « comprendre, d'apercevoir, ni d'apprendre aucune chose, « à moins que cette chose ne lui soit enseignée ou montrée « par quelque figure vivante, parlante. Et quelle justice « requiert donc que les substances spirituelles soient « anéanties, elles qui, selon leur opinion, maintiennent « l'affaire du monde entier, lequel n'a point de durée que « par le moyen de ces substances ! C'est pourquoi il faut « conclure que le législateur du monde, le directeur à « l'obéissance du miséricordieux, est le verbe et le com- « mandant du maître, dont la mémoire soit glorifiée, que « c'est lui qui a commandé aux choses naturelles d'être, « et elles ont été (2). »

Hamzé, malgré tous ses titres et le prestige qu'ils lui valaient, ne fut pas sans sentir le besoin « d'affermir les « unitaires contre les persécutions qu'ils avaient à soute- « nir de la part des ennemis de leur croyance, et de les « préserver de l'erreur dans laquelle ils auraient pu être « entraînés en croyant que la divinité, après la disparition « de Hakem, était passée dans une autre figure (3). »

(1) Les mots *représenté par* ne se trouvent pas dans ma copie, et je les ai ajoutés, parce qu'il m'a paru qu'*étant* demandait un complément.

(2) Pétis de la Croix, man. fr., 583. IV. 122.

(3) De Sacy, Exp. I. 208.

Il s'occupa habilement du système religieux de la secte, et quoiqu'il l'ait composé d'idées ayant quelque crédit de son temps et d'emprunts faits à d'autres croyances, (1) il n'a pas moins le mérite du titre qu'il s'est donné.

Ainsi, je le répète, en prenant çà et là les idées dont il a composé ses dogmes, il est devenu l'auteur d'un véritable éclectisme; si ce n'est qu'en puisant ses vérités, dans les anciennes doctrines, son but n'a pas été seulement de donner une base solide à sa religion, mais d'en faire le complément des croyances précédentes, qui en avaient été, selon lui, le commencement. C'est ce qui a suggéré à ce ministre l'idée d'intercaler dans sa théologie les prophètes et les philosophes les plus célèbres, pour prouver que, de toute éternité, la fondation de la foi unitaire a été l'unique pensée du Créateur.

En sa qualité d'Intelligence infinie et de Pontife suprême, il était investi du pouvoir d'élever qui il lui plaisait, et de révoquer ceux qui ne lui convenaient pas, la puissance qu'il avait reçu du Très-Haut étant la même que celle à laquelle le Koran fait allusion en ces termes : « Son ordre, « quand il veut quelque chose, est seulement de lui dire : « Sois, et elle est (2). »

Dans la vie de Hakem, il a été fait mention d'une comparaison absurdement exagérée par Hamzé au sujet des prodiges de son maître (3), et c'est une preuve qu'il se plaisait dans l'hyperbolisme.

(1) M. Poujoulat est d'avis que des rapports ont pu exister entre les mœurs des Druses et celles des Esséniens. « Les juifs, dit-il, « emmenés ou retirés en Egypte, à la suite des diverses calamités tombées sur Jérusalem, avaient pu mêler les souvenirs « de la loi des aïeux aux doctrines de l'institut pythagoricien, « dispersées alors sur les bords du Nil. » — p. 219.

(2) Ep. de la découverte de la vérité. — Cette jactance est déjà citée dans la page précédente.

(3) Page 58.

Ce fut en 408 (1) que Hamzé n'eut plus de retenue dans son désir d'enseigner le dogme de la divinité de Hakem, quoiqu'il le fit avec tous les ménagemens que la prudence et le désir de réussir lui inspiraient, et en y employant des missionnaires aussi instruits que zélés.

On fait remonter à cette époque la conversion de Neschtékin Darazi, laquelle aurait eu lieu par l'entremise de Habbal, comme je l'ai déjà rapporté.

J'ai dit également qu'une autre version voulait : que Darazi ait débuté, après être entré au service de Hakem, par publier les miracles de son maître, et qu'il l'ait fait, sans aucune retenue, de la voix et par ses ouvrages; qu'étant arrivé à se compromettre gravement, le Kalife n'avait pu le défendre contre le peuple ameuté ; qu'il favorisa toutefois son évasion en Syrie en lui procurant un bon accueil, puisqu'il l'y accompagna d'une somme en argent.

D'après la même version, Hamzé aurait suivi la doctrine de Darazi (2), et sur ce fait, les auteurs sont à peu près unanimes. Mais combien dura l'œuvre du premier missionnaire ? C'est un des points sur lesquels l'histoire ne donne aucun éclaircissement.

Les obscurités ne sont pas les seules difficultés que présentent les écrits druses. Leurs contradictions sont plus fâcheuses encore, puisqu'elles laissent, en définitive, dans une désespérante incertitude, d'où l'on ne peut sortir qu'au moyen de vagues conjectures.

Il est de fait qu'on a dû se méprendre sur la mort de Darazi, que des auteurs attribuent au soulèvement provoqué par ses prédications subversives dans les mosquées, tandis qu'elle vint à la suite de ses empiétements sur le

(1) M. de Sacy dit que très-vraisemblablement « dès l'année « 407, et peut-être plutôt, Hamzé avait été autorisé par Hakem « à répandre secrètement son absurde système. » Exp. II. 157. Voir p. 51 et 56.

(2) C'est à dire qu'il aurait profité de l'impulsion donnée et de l'effet produit, pour n'avoir qu'à suivre et à développer cette même doctrine, qui prenait sa source dans l'ismaïlisme.

El Makin déclare également que Hamzé engagea les gens à suivre les préceptes de Darazi.

pouvoir de Hamzé, lorsqu'à son retour de Syrie il obtint un haut emploi qui le rendit le rival du directeur.

Hamzé ne profita pas moins des rudes travaux de Darazi, pour l'établissement de la religion de Hakem, se servant aussi de la situation des esprits, que les querelles politiques élevées dans le sein du mahométisme, par les sectateurs d'Ali, rendaient propres à faire adopter ses dogmes.

Hamzé devait avoir d'autant plus de succès avec ses propres doctrines, — d'une forme à peu près nouvelle, — qu'il avait été précédé de faiseurs de religions, ayant trouvé des sectateurs à la faveur de leurs arguments, et que son vaste savoir lui garantissait qu'il dépasserait ses devanciers (1).

Chez les peuples orientaux, les actes tyranniques commandent le respect plutôt qu'ils n'inspirent la haine, parce que Dieu est toujours derrière celui qui sert d'instrument à ses enseignements ou à ses vengeances.

En homme instruit, Hamzé a profité des circonstances que ses connaissances lui permettaient d'exploiter, et il les a données pour base à ses principes et à ses préceptes (2).

Son origine ismaïlienne (3) lui a fait ménager la suscep-

(1) Il n'est fait ici allusion qu'aux très-nombreuses sectes enfantées par de zélés mahométans dans les premiers siècles de l'hégire. (Voir la note suivante.)

(2) A part la preuve qui a été donnée (dans la Théogonie des Druses) de l'adoption de quelques-uns des dogmes judaïques et chrétiens et de nombreuses pensées des philosophes indiens et grecs, je rapporterai l'observation de M. de Sacy sur l'analogie des principes de Hamzé avec l'infusion de la divinité dans les Imams, la transmigration des âmes, l'interprétation allégorique de tous les préceptes du Koran, la disparition et le retour attendu de l'Imam auquel la divinité est unie, et que « une foule d'exem- « ples tirés de l'histoire nous apprennent que dans les quatre « premiers siècles de l'hégire, plus d'un novateur avait profité de « l'inclination des peuples pour ces dogmes singuliers, et s'en « était servi utilement pour se former un parti contre l'autorité « des Kalifes. » — Exp. XXVI.

(3) La lecture des écrits relatifs à la secte des Ismaïlis, qui se faisait aux initiés dans le palais du Kalife...., fut interrompue à la fin de la septième année, c'est à dire l'an 407. « Sans doute, « Hamzé saisit cette occasion pour substituer la nouvelle doc- « trine à celle des Ismaïlis, ce qui doit avoir eu lieu au commencement de 408 » — De Sacy. Exp. I. 112.

tibilité de cette secte qui, déjà détachée du mahométisme, était facile à conserver, l'attrait qu'il lui offrait étant une similitude de formes, à défaut d'une entière identité de dogmes (1).

Hamzé appuya aussi l'édifice de la nouvelle doctrine sur le fondement de celle des Karmates, le dogme de la divinité de Hakem et du pontificat suprême de Hamzé étant presque le seul changement de croyance qu'il exigea de ses prosélytes (2).

La doctrine toute physique des Baténis ou Baténiens (3) devait également lui convenir, et il lui fit des emprunts, celui de la hiérarchie des ministres entr'autres.

Les actions publiques de Hakem ne pouvant être niées, il fallut que Hamzé leur cherchât une explication favorable, et il la trouva dans les allégories. Il découvrit par leur moyen des emblêmes dont la relation justifiait chacun de ces actes.

Ce furent autant d'explications des mystères de sa religion.

Un auteur (4) rapporte que Hamzé « voyant ses disci-
« ples augmenter, se mit à prêcher hautement la licen-
« ce.... (5) en traitant de folie le joug des bonnes mœurs
« que le Koran avait imposé. »

Ce serait à cette occasion, dit-il, qu'il aurait résolu de supprimer entièrement les prières, le jeûne et le pèlerinage (6).

(1) Voir la page précédente, note 3.

(2) Hamzé reconnaît les Karmates pour de vrais unitaires, et dit formellement qu'Abou-Saïd, Abou-Taher et plusieurs autres seïds des Karmates ont été des serviteurs du vrai Dieu, de Hakem. — De Sacy, Exp. CCXL.

(3) On veut que ce soient les Quiétistes.

(4) L'abbé de Marigny, I. 107.

(5) Fascicule 6.

(6) « N. S. a interrompu pendant plusieurs années le pèlerinage
« de la Mecque, et il a cessé d'y envoyer l'étoffe destinée à cou-
« vrir l'édifice sacré. Or, ôter la couverture d'une chose, c'est la
« dévoiler et la livrer à la profanation. » — De Sacy, Exp. I. 154. voir pag. 59.

Son désir étant d'avoir beaucoup de monde, sans se rebuter de la moralité de ceux qu'il se procurait, et connaissant combien le cœur humain est enclin au dérèglement, il aurait compté sur le succès qu'il obtiendrait en donnant plus d'essor aux passions.

Nous avons dit qu'on accusait Hamzé d'avoir suivi les doctrines corruptrices de Darazi, ce qui légaliserait l'accusation de l'abbé de Marigny. M. de Sacy veut, cependant, que Hamzé n'ait prêché partout qu'une morale pure et les devoirs sacrés de l'humanité (1).

Cette divergence d'opinions me ferait croire que des prédications si opposées n'ont pu avoir lieu qu'à des époques différentes et éloignées; Hamzé ayant dû agir selon le temps et les circonstances où il s'est trouvé : en confirmant et autorisant les dérèglements affichés par Darazi, lorsqu'il voulut profiter de ses avantages, et en revenant aux principes d'une saine morale du moment qu'il se fut débarrassé de son rival.

Ce qui prouverait pourtant que Hamzé voulut des sectateurs à tout prix, c'est qu'il employa des mesures sévères contre les récalcitrants, leur faisant payer le tribut, qu'il avait d'abord aboli, et n'en exceptant que ses seuls adeptes.

Il promit à ceux-ci un prochain triomphe sur les autres religions; mais pour en assurer l'effet, il leur recommanda le plus impénétrable secret jusqu'au moment de la *manifestation* (2).

Pour donner à ses actes la force que leur valait la sanction légale, il ne prenait aucune mesure sans l'approbation de Hakem, ce qu'il exprimait par ces mots : « Cet « écrit a été présenté à la Divine Majesté, qui en a « autorisé l'émission (3). »

(1) Mém. de l'Acad. des Belles-Lettres.

(2) Ce mot signifie chez les Druses le jour de la *résurrection* ou du jugement dernier. Je l'ai déjà dit, page 71.

(3) De Sacy, Exp. I. 191.

Et lorsque Hakem eut disparu, ce fut par la faculté qu'il avait de communiquer directement avec le Créateur qu'il recevait ses ordres.

La croyance des unitaires était, comme il a été dit (1), que Hakem avertissait Hamzé « par son esprit saint, en « un clin-d'œil, sans entremise de médiateurs spirituels, « ni corporels. (2). »

Il l'avait principalement revêtu de sa science et de sa sagesse en le chargeant de corriger les mœurs des hommes (3).

« Nous apprenons par Hamzé lui-même, dit M. de Sacy, ce qui nous oblige à une nouvelle répétition, « qu'il se « trouvait des gens qui soupconnaient que Hakem donnait « son approbation à ces sortes d'écrits sans les compren- « dre (4), » et qu'on l'accusait, lui Hamzé, d'avoir tout inventé par sa propre imagination.

Voici ce que Hamzé condamnait dans la conduite des hommes envers Hakem :

Qu'on présentât un écrit à la Divine Majesté sans en bien comprendre le sens ; qu'on lui demandât des richesses dont on n'avait pas besoin, ou une augmentation de bienfaits sans nécessité ; qu'on lui adressât la parole ou qu'on s'informât de quelque nouvelle sans autorisation de sa part.

Ces défauts se rencontraient parmi les prosélytes prolétaires, car de pareilles recommandations eussent été superflues à l'égard des classes élevées, chez lesquelles ces règles n'avaient cessé d'exister.

(1) Page 55.

(2) Pétis de la Croix, man. fr. 582. I. 213.

(3) Pétis de la Croix, man. fr. 582. I. 214.

Le même manuscrit contient cet éloge des progrès qu'on leur fit faire : « Maintenant nous voici revenus à cette même pureté « de religion par le mystère de l'Adam de notre temps, Hamzé « fils d'Ali, car nous redevenons au même état où nous étions au « commencement de la création. » I. 157. N'est-ce pas une preuve qu'on s'en était beaucoup écarté ?

(4) De Sacy, Exp. I. 1?1.

Hamzé était d'opinion que le célibat, comme le mariage, n'augmentait ni ne diminuait le mérite des hommes et des femmes unitaires au point de vue religieux.

Les recommandations qu'il fait au ministre institué pour rendre la justice, méritent d'être citées en entier :

« Ordonnez ce qui est bien ; défendez ce qui est mal, et « excitez-les à adorer la divinité. Commandez aux *na-* « *kibs* (1) d'être assidus à votre service, à vous instruire « de tout ce qui arrivera, à vous rendre compte de tout ce « qui surviendra de nouveau au Caire, à *Misr*, et dans les « lieux qui en dépendent ; car je vous ai donné autorité « sur tous les fidèles, pour ordonner et pour défendre..... « Quiconque aura été mis en prison par vos ordres, pour « quelque crime ou quelque faute par lui commise, et en « aura obtenu le pardon, faites-le conduire dans votre « maison, et frappez-le à coup de bâton, de manière qu'il « ne retombe pas dans des fautes qui ne conviennent pas « aux unitaires. Faites-lui subir ce châtiment dans votre « maison, en un lieu où il ne se trouve personne du parti « ennemi. Veillez à tout ce qui concerne les intérêts des « unitaires, faites leur observer, dans les accouchements, « les mariages et les funérailles, les règlements que je « leur ai prescrits. Toutes les fois que vous verrez quel- « qu'un d'entre les ministres, les daïs, les ma'azouns (2) « et les nakibs qui aura manqué à son service et commis « quelque faute évidente, mettez-en un autre à sa place, « après néanmoins que sa faute aura été prouvée évidem- « ment par le témoignage de deux unitaires dignes de foi, « qui auront déposé en sa présence. S'il fait pénitence, « pardonnez-lui, après qu'il aura fait serment par N. S. « de ne plus retomber dans son péché (3). »

Les conseils qu'il donna aux unitaires eurent pour effet

(1) Espèce d'officiers, chefs de services.

(2) Licencié. J'ignore ce qui a pu porter M. de Sacy à écrire ce nom Madhoun, qui lui donnerait la qualification de louangeur. — Exp. II. 391.

(3) De Sacy, Exp, II. 697.

de faire adopter pour leurs conversations, leurs relations sociales, leurs félicitations, et même les requêtes qu'ils présentaient à Hakem, une tournure qui les distinguait des autres sectes.

Hamzé a laissé de nombreux écrits constituant la base de la croyance des Druses, et si son style s'est ressenti de la nécessité où il a souvent été d'en imposer par des raisonnements plus spécieux que solides, on doit convenir qu'il est, comme le reconnaît M. de Sacy, pur et facile.

La religion druse ne fut pas, nous le répétons, l'œuvre du hasard, ni une invention fortuite à laquelle donna lieu la mort préméditée de Hakem. Hamzé l'imagina bien avant cet évènement, comme on a pu s'en convaincre jusqu'ici (1), et dès l'an 407 ou 408, il écrivait aux nouveaux adeptes : « O assemblée des fidèles qui confessez l'unité de N. S., le « temps approche de la manifestation de la vérité, de la « destruction du polythéisme et de l'iniquité, et de l'abo« lition de toutes les religions et de toutes les sectes. Pré« parez-vous donc à massacrer les partisans de l'erreur, à « mettre dans les fers les *zindjes*, à emmener captifs les « femmes et les enfants, et à exterminer tous les hommes « d'entr'eux, sans exception, par le glaive de N. S. « haut (2) et très-haut, qui possède l'excellence et la « gloire; lors de la manifestation parfaite qui se fera par « le ministère de son serviteur, le Maître du siècle, qui « enseigne avec clarté, qui conduit à la vraie foi, qui tire « vengeance des panthéistes et des rebelles par le glaive « de N. S. et par la force de sa puissance (3). »

Cela prouve non seulement que ses idées étaient bien arrêtées sur la fondation de sa doctrine, mais qu'il ne

(1) Il est seulement probable qu'il ait profité de la mésaventure de Darazi, surtout si celui-ci a été son disciple, puisqu'il n'aurait agi que d'après ses principes.

(2) Au lieu de *Haut*, j'aurais traduit *Alali*. J'ai dit dans la Théog. des Druses quelle est ma raison pour cette préférence, page 137 et suivantes.

(3) De Sacy, Exp. II. 603.

gardait plus aucun ménagement, sentant sa position raffermie.

Il y eut cependant exception à l'égard des musulmans, et l'édit que l'on trouva attaché aux chaires après la disparition de Hakem indique assez que Hamzé voulut éviter de les effaroucher à son avènement, de même qu'il avait profité des dispositions d'esprit du peuple par rapport à Hakem, car tandis que le fanatisme mahométan ne permettait de voir en lui qu'un instrument de Dieu, pour les unitaires il était déjà, comme il le prétendait, la véritable manifestation de la divinité.

Dans cet édit, Hamzé s'était donc borné à qualifier Hakem d'apôtre de Dieu. de vicaire et de prince des fidèles.

Cette concession, il la fit pour mieux asseoir la nouvelle croyance, en la rendant acceptable par un plus grand nombre, quoiqu'il eût affaire à un peuple aussi fanatique qu'ignorant. C'était, du reste, dans son propre intérêt qu'il agissait ainsi, après s'être réservé le plus beau rôle dans cette religion, ne s'étant proclamé l'interprête absolu de Dieu que pour arriver à être la Divinité elle-même.

Ce ne fut que par la suite, et selon que les circonstances en indiquèrent l'opportunité, qu'on renonça à ces principes de conciliation, en se servant toutefois de ce qu'ils avaient de bon, et en faisant concourir les anciens prophètes et leurs écrits au profit des nouvelles doctrines.

En traitant des deux sectes mahométanes, les auteurs Druses s'appliquèrent à profiter des points qui donnaient prise à la critique, et ils s'attachèrent à prouver que les temps accordés à ces religions — ayant servi d'introduction à la foi unitaire — étant expirés, l'avènement de Hakem devait faire disparaître tous les autres enseignements.

Hamzé, possédant à fond les vieilles croyances, employait les ressources de son esprit à créer un monde qui, tout en présentant des formes neuves, s'appuyait néanmoins sur des vérités démontrées dans d'autres temps.

Ainsi, loin de nier l'existence de traits de ressemblance entre leurs croyances et les précédentes religions, les auteurs Druses se font un mérite de cette identité : ils y trouvent la preuve de l'ancienneté, autant que de la bonté de leur doctrine, puisqu'elle s'allie à celle des diverses nations, celle des Grecs inclusivement, témoin les grands noms de Pythagore, de Platon et d'Aristote, qu'ils invoquent, et qu'on eut bien reconnus sans cela aux emprunts qu'on leur a faits, comme à d'autres, notamment à Démocrite.

Hamzé n'excluant aucune religion, il les fait se succéder, établissant de cette manière une relation entr'elles, pour servir les unes aux autres. C'est par ce moyen qu'il explique comment les différents législateurs ont pu agir d'une façon variée aux yeux du vulgaire, mais rationnelle selon le but du Créateur, qui avait intérêt à se manifester à son peuple sous diverses figures, quoique pour une même fin.

Nous bornons là notre récit sur la vie de Hamzé, mais nous le terminerons par l'aveu que l'histoire nous a laissé presque dans le doute sur ce qu'il devint, après la mort de Hakem, bien qu'on puisse induire de ses écrits et de quelques traditions, qu'il se tint caché, et que ce fut pendant sa disparition qu'il finit sa carrière.

La retraite de Hamzé fut marquée par un grand courroux que provoqua chez lui l'indifférence de ses sujets pour ses doctrines, tandis qu'ils appelaient de tous leurs vœux le triomphe de l'ennemi qui devait les détruire en devenant leur libérateur. C'est dans ce moment de colère, dont il ne dût pas être le maître, qu'il déclara clôre l'appellation et retirer sa miséricorde, dispositions auxquelles il fut sursis à la demande de Moktana.

Cette retraite, qu'il annonça comme une absence d'épreuve, paraît s'être prolongée plus de dix-sept ans. N'aurait-elle pas eu un but politique? Je serais porté à le croire, et voici sur quoi je me fonde :

La mort de Hakem devait nécessairement amener une réaction, et il était fort douteux que ses sectateurs pussent y résister ; or Hamzé, sauvant sa personne, continuait à diriger ses adeptes selon les circonstances et les ressources de son talent. C'est ce qui arriva lorsque les calamités fondirent sur les unitaires, que Moktana ne put secourir qu'avec les moyens que l'Imam lui communiqua, parce que le pouvoir dont il jouissait était si grand, qu'il n'y avait que sa présence ou son nom qui put l'entretenir.

Nous le voyons, en effet, devenu l'objet principal du culte des Druses, au point que leur ère même a reçu sa dénomination. Le respect que lui porte Moktana dans ses écrits prouve autant l'étonnante puissance de Hamzé que la déférence qu'il lui commandait encore malgré son absence. Je pense que, sans cela, le cinquième ministre ne se serait pas contenté de l'autorité secondaire qu'il exerçait, avec les occasions qu'il avait eues d'en déployer une plus grande.

M. de Sacy rapporte, au surplus, que « quelques expressions employées par Béhaeddin, en parlant de « Hamzé, sembleraient indiquer que ce ministre, depuis « sa disparition, est en quelque sorte réuni et identifié « avec Hakem, et qu'il est lui-même la figure sous laquelle « la divinité reparaîtra pour récompenser les unitaires et « punir les impies et les apostats (1). »

Béhaeddin nous assure aussi, dit M. de Sacy, « que les « fidèles unitaires reconnaissent que le commandant de « Dieu, qui a été créé par lui (c'est à dire Hamzé), est celui « qui a donné l'être à tous les êtres, l'Imam des Imams, le « Messie de tous les siècles, celui qui fait succéder les « empires les uns aux autres, celui qui sonnera de la dernière trompette (2), le Kaïem du siècle, dont le cri sera « l'annonce de l'apparition (du Seigneur). » (Exp. II. 224).

(1) Exp. II. 208.

(2) Je pense qu'on entend par là qu'il donnera le signal. M. de

S'il est, du reste, quelque raison qui ait arrêté Hamzé, dans ses velléités de déification, rien n'a empêché ses partisans de le substituer à Hakem, en déclarant dans le Catéchisme — celui sans doute d'une secte particulière, — « que N. M. el Hakem Bi'amri'i était Hamzé ou Selman « el Farsi, lequel est le commencement et la fin, le pre- « mier et le dernier (1). »

Déjà, dans une de ses épitres, il avait préludé à cette usurpation en ne mettant entre son nom et celui de son maître que la différence d'un adjectif. Voici la fin du raisonnement dont il se servit :

« ..... Le dernier de tous (les Imams) fut Abdallah-« el-Mehdi, qui était serviteur de N. M. de glorieuse mé- « moire ; puis le maître lui-même s'est appelé el Kaïem, « c'est à dire le législateur, qui est le nom de son servi- « teur, mais il s'est appelé de ce nom de Kaïem à cause de « ce que ce même serviteur a dit dans le Koran : Dieu a « témoigné.... c'est à dire Mahomet a témoigné, cela « indique N. M. Kaïem el Zéman, le législateur du temps « et du monde (2).

Le verset cité est ainsi conçu :

« Dieu a rendu ce témoignage : il n'y point d'autre « Dieu que lui ; les anges et les hommes doués de science « et de doctrine répètent : Il n'y a point d'autre Dieu que « lui, le Puissant, le Sage (3). »

C'est par de pareilles subtilités que les auteurs orientaux ont toujours procédé et réussi sur des esprits qu'un certain arrangement de mots suffisait pour fasciner.

Sacy s'en tient à une glose qui fait disparaître l'allusion aux divers versers du Koran sur l'effet merveilleux du son de cet instrument au dernier jour. Voir V. 32 et VI. 25.

(1) Adler, 121.

(2) Pétis de la Croix, man. fr. 582. I. 166.

(3) De Biberstein. Koran, s. III. v. 16.

Quant à Hamzé, il n'a point épargné les moyens fallacieux. Il y a ajouté le leurre des promesses d'explications et de développements auxquels il ne paraît pas toujours avoir satisfait (1).

ISMAIL TEMIMI.

Ce ministre, surnommé Abou-Ibrahim, prend rang dans les écrits des Druses immédiatement après Hamzé, puisqu'il est le second dans la hiérarchie, et qu'il forme, avec lui, les deux lumières de la religion unitaire. L'âme est son titre principal. Ses autres qualités étant expliquées dans le système religieux, nous dirons que, sous le rapport historique, ce personnage ne paraît avoir contribué au succès de la foi unitaire que par sa soumission à Hamzé et par quelques écrits qui semblent n'avoir pas été sans mérite (2).

MOHAMED RIDHA.

Ce troisième ministre a rempli les fonctions de la Parole, de secrétaire de la puissance, etc. Il remplaça *Mortadha*, qui est sans doute une des appellations sous lesquelles Ismaïl Témimi était connu.

(1) De Sacy, Exp. I. 23 et II. 111 et 112.

(2) Un futur ministère lui est assigné lors du triomphe de la religion. — De Sacy, Exp. II. 249.

Il fut principalement chargé de la police du Caire, des intérêts civils de ses habitants, et de la surveillance des hauts employés, qu'il pouvait destituer à son gré, après toutefois un mûr examen de leurs fautes.

La Parole est souvent désignée sous les noms d'aile, ou d'aile seigneuriale.

SELAMA SEMOURI.

S'appelait aussi Abou' lkaïr, et il était surnommé Mustapha (élu) : c'est le quatrième ministre.

Les livres druses ne donnent que peu de renseignements sur ce personnage. Il est indiqué sous le nom de Précédant (1) et d'aile droite. Dans la composition emblématique du cierge, qui représente la pure religion unitaire, il est la mèche. On le désigne également sous la dénomination spéciale de *Porte*

Nous ne mentionnerons pas davantage les noms de ces deux ministres intermédiaires, qui n'ont dû laisser aucune trace de leurs travaux.

ALI SEMOUKI.

Surnommé Moktana ou Béhaeddin, et appelé le Suivant, l'aile gauche, le fantôme, le *Mokaser* (nouveau converti), était le cinquième ministre et le chef des ministres infé-

(1) Cette dénomination appliquée à d'anciennes croyances, est expliquée dans la Théogonie.

rieurs ainsi que de tous les unitaires, ayant été la première production du Précédant, l'instrument dont il s'est servi pour ses autres créations (1).

« Il est l'auteur, dit M. de Sacy, d'un grand nombre « d'écrits qui composent le recueil des Druses, et il paraît « qu'il a exercé longtemps son ministère, car ses provi- « sions sont de la troisième année de Hamzé, 411e de l'hé- « gire, et l'on voit, par la date de l'une de ses lettres, « qu'il écrivait encore en la vingtième année de Hamzé, « 430e de cette même ère (2). »

L'abrégé de la religion des Druses que nous avons traduit ne donne cependant que dix-sept ans à sa mission (3); mais comme il paraît qu'elle a été partagée en deux époques, ce chiffre n'a sans doute rapport qu'à l'une d'elles, la plus longue, la première ayant dû être de courte durée.

Moktana (acquis, possédé) prit le titre de Béhaeddin (splendeur de la religion), quoique dans sa modestie il se dit faible et impuissant. Ce fut après la retraite de Hamzé qu'il entra en fonctions, et une seconde mission lui est réservée lors de la résurrection (4).

Il se servait de paraboles pour mieux impressionner les gens, et son esprit le portait à profiter de tous les évènements qui pouvaient être annoncés comme un signe de courroux du Seigneur, à cause du retard des musulmans à se déclarer pour la foi unitaire.

Mais l'orage qui, dès la mort de Hakem jusqu'à la retraite de Hamzé, menaçait les unitaires, éclata enfin, et cette secte, que les persécutions de ses ennemis harcelaient, perdait courage, lorsque Moktana lui annonça qu'il

(1) De la lumière du suivant, il a produit la terre et tout ce qui est sur la terre, la sphère, etc. — De Sacy, Exp. II. 317.

(2) De Sacy, Exp II. 297.

(3) Théog. des Druses, § 151. pag. 67.

(4) Cette seconde prédication est mystiquement annoncée dans un traité avec toutes les circonstances qui l'accompagneront. De Sacy, Exp. II. 321.

avait reçu une lettre du Commandant du siècle, le chargeant d'instruire le peuple et de le rassurer (1).

Ce moyen n'ayant eu qu'une efficacité éphémère, il dut lui-même se soustraire par la fuite aux dangers qu'il aurait courus en restant au Caire, et il se retira en Syrie.

Ali Daher, fils de Hakem, ayant pu s'emparer du pouvoir, devint l'oppresseur des unitaires, qui le surnommèrent l'Antechrist, et il leur fit même violence en les obligeant à rentrer dans le sein de l'islamisme.

S'il parvint à remplacer son père dans le pouvoir suprême, ce fut parce que les musulmans, ennemis de la nouvelle religion, l'aidèrent à renverser tous les obstacles qui s'étaient opposés à cette succession légitime, et qu'il afficha le plus sincère retour à la foi de ses ancêtres, dont il tenait ses droits au kalifat.

Un fait historique prouverait également que, sur l'avis de la mort de Hahem, son fils avait été proclamé dans tout le kalifat, et que l'on continua à battre monnaie en son nom. Le musée du cardinal Borgia contient, en effet, des modèles de deux pièces frappées en Sicile, l'une en 395 (1004), avec le nom de Hakem, et l'autre en 422 (1030), avec cette inscription : *al-Daher li-izaz din-Allah* (2), celui qui a paru pour faire chérir la religion de Dieu.

Hakem n'ayant dû être connu, dans les pays éloignés, qu'en sa qualité de souverain, sa succession ne pouvait appartenir qu'à celui qu'on avait désigné comme étant son fils, et par conséquent l'héritier de sa puissance.

La retraite de Moktana, par suite de ce triomphe, n'avait pas été seulement conseillée par la prudence : le soin qu'il devait prendre de ceux qui professaient la foi unitaire dut surtout l'y engager.

(1) M. de Sacy ne fait que supposer que Hamzé étant contraint de se cacher avait transmis ses pouvoirs à Moktana. — Exp. II. 335.

(2) Ce furent sans doute les musulmans qui lui donnèrent ce surnom, puisqu'il s'était annoncé comme voulant servir le culte du vrai Dieu. — Théog., § 147.

Les doctrines de l'unité étaient effectivement répandues dans la Perse, le Moultan, l'Iémen, la Syrie et quelques lieux de l'Asie mineure. Nous avons déjà vu que l'autorité de Hakem embrassait une partie de l'Afrique septentrionale et la Sicile.

Il continua en conséquence à correspondre avec les chefs religieux des diverses contrées, quoiqu'il eut retiré les pouvoirs donnés à ses missionnaires en leur recommandant le silence (1), sans doute pour être moins en évidence.

La mission de Moktana, en Egypte, s'étant accomplie à diverses époques, il est permis de supposer que ce fut lors du rétablissement de la tranquillité qu'il y rentra.

Il fit preuve d'esprit à cette occasion, et surtout d'une parfaite connaissance de nos Ecritures (2), les développant avec cette subtilité qui a été, au surplus, commune aux écrivains Druses, et en s'attachant à faire quadrer les circonstances qu'il citait de la vie de Jésus-Christ avec les points de la croyance unitaire auxquels elles pouvaient se rapporter.

En voici un exemple au sujet de ces paroles : .... *aura la vie éternelle, et je le ressusciterai au dernier jour*. « Ce « sont là les vérités, dit-il, qu'a annoncées le Seigneur « Messie dès qu'il a félicité tous ceux qui avaient l'enten- « dement sincère et parfait. Voilà qu'il a disposé le monde « à sa venue, et voici qu'il l'a accomplie ; il s'est montré « aux unitaires, lesquels il a ressuscités au dernier jour « comme il l'a promis à ceux qui seraient sincères (3). »

Nous avons déjà exposé par quel moyen Hamzé avait voulu attirer à son parti les chrétiens et les israélites du Caire dans le temps ou s'établit sa religion.

Moktana ne cessa pas d'emprunter aux Evangiles des citations qu'il appliquait à Hamzé au moyen de légers

(1) De Sacy, Exp. II. 379.

(2) M. da Sacy est d'avis que Béhaeddin a été un chrétien rénégat. — Exp. I. 83.

(3) Pétis de la Croix, man. fr. 583. 111. 104.

changements; mais lorsqu'il vit que cette tactique ne produisait plus dans le pays l'effet désiré, ce fut à l'empereur grec lui-même qu'il s'adressa.

Dans son épitre à Constantin VIII, il se qualifie d'esclave de Jésus, et il adjure l'empereur, les évêques, les chefs religieux et les chrétiens de l'écouter s'ils ont adhéré : 1° à ce que trois cent dix-huit évêques du concile de Constantinople ont prononcé par le Saint Esprit; 2° à ce que leurs pères spirituels ont annoncé de la venue, une seconde fois, du Messie pour juger les vivants et les morts.

« C'est là, ajoute-t-il, la vérité et la sincérité pour ceux « qui ont connu, par la foi en l'unité, l'arrivée du jour « promis. C'est là le symbole de votre foi qui témoigne « contre vous en vous accusant d'inadvertance et de dé- « faut (1). »

Moktana ne conteste pas un seul point du symbole des 318, et en repassant, dans son épitre, le *Credo*, il l'admet entièrement, mais en l'interprétant dans le sens de la foi unitaire. Puis il entre en matière, sur ce texte, pour expliquer comment les chrétiens étant attachés au sens littéral de certains passages, ressemblent aux adorateurs du néant et aux athées, qui s'arrêtent à l'extérieur des choses, ne s'inquiétant pas de leur signification mystique (2).

En s'appliquant des passages de nos livres sacrés, il en tire des arguments à son avantage, non sans commettre de grandes confusions. En voici une preuve :

« Le Messie a annoncé au monde l'avènement d'Elie, « qui est le même que Jean, qui aplanit la voie du Sei- « gneur et ses sentiers, qui met au jour la honte d'Iblis, « et qui abroge ses lois. Et il a dit tout cela après que « vous aviez fait mourir, ô hommes impies, Jean-Bouche-

(1) Pétis de la Croix (man. fr 583. 111. 97) a attribué cette démarche à Hamzé, pour n'avoir pas remarqué que la qualification d'esclave de Jésus ne pouvait avoir été prise que par Moktana, puisque Hamzé se disait le Messie même.

(2) Pétis de la Croix, man. fr. 583. III. 99.

« d'or, qui est Elie ; avant lui, vous aviez déjà fait mourir « son père Zacharie entre le temple et l'autel (1).

Je ne rapporterai pas les autres raisonnements employés pour assurer à sa démarche, auprès du chef des chrétiens, un résultat qu'il croyait pouvoir se promettre de la force de ses arguments : je dirais cependant, qu'en cette occasion encore, on croirait que ses invitations durent être plus politiques que philantropiques ou religieuses, puisqu'il est recommandé, dans les livres druses, aux unitaires de cacher leur doctrine, comme étant *le salut de l'âme et la vie de l'esprit;* mais attendu que la prédication n'était pas terminée, les engagements pouvant encore être reçus, le ministre sentait trop la différence qu'il y avait entre des amis et des coreligionnaires, pour ne pas préférer de compter les chrétiens au nombre de ces derniers, lorsqu'il devait naturellement appréhender en eux le caractère d'ennemis.

L'insuccès ne le rebutant pas, une deuxième lettre fut adressée au clergé et aux fidèles ; puis une troisième à l'empereur Michel.

Son principal raisonnement, appuyé d'un grand nombre de passages du Nouveau Testament, se résumait en ces termes : Hamzé est le Messie attendu....

Mais l'adhésion tant désirée n'ayant pas eu lieu, non plus cette fois, et les deux religions — chrétienne et musulmane — s'étant, au contraire, liguées pour combattre la nouvelle secte, Moktana eut recours aux vifs reproches et aux imprécations, menaçant en outre les chrétiens de *détruire leur religion.*

Ces nations étaient loin d'être édifiées de la conduite des unitaires, et n'ignorant pas leurs principes, elles n'avaient garde de prendre au sérieux ce qui contrastait avec le véritable esprit dont ils paraissaient être animés.

(1) De Sacy, Exp. II. 254. Cet auteur croit que c'est par méprise que ces noms ont été confondus, et je ne partage pas cette opinion, ayant toujours vu que les écrivains Druses avaient recours aux arguments artificieux pour mieux tromper leurs trop crédules adeptes

Nous croyons devoir rappeler que les préférences accordées aux chrétiens, sur les musulmans, étaient dues aux talents qu'ils possédaient exclusivement aux autres.

Ainsi dans l'impuissance de réussir à convertir ces peuples, il s'occupa plus particulièrement de sa secte, dans laquelle il réforma les pratiques licencieuses de Darazi et autres (1), que Hakem avait encouragées et que Hamzé avait tolérées, soit qu'il en eut d'abord subi l'effet, ou qu'il ne put pas contrarier en cela son seigneur.

Les nations chez lesquelles Moktana lançait ses épitres pour les convertir étaient nombreuses, et cependant il semblerait que les livres druses ne les font pas toutes connaître (2). Ce ministre, cherchant à faire des prosélytes partout, ce furent les Karmates qui lui offrirent le plus de sympathie, par l'analogie de leurs croyances.

Des divisions se formèrent toutefois au milieu de la nouvelle secte, et malgré les efforts que Moktana leur opposa, il ne put les vaincre.

Il lutta également longtemps contre d'autres graves difficultés qui s'amoncelèrent sur sa tête, et lorsqu'il eut épuisé les ressources de son esprit, il voulut profiter des moyens extraordinaires que lui offraient les convulsions de la nature : les tremblements de terre, suivis d'affreux ouragans, furent annoncés comme des signes prouvant la prochaine apparition de Hamzé.

La foudre ayant emporté la couverture du temple de la Mecque (3) et détruit des mosquées et des églises dans d'autres contrées, Moktana demanda aux habitants s'ils pouvaient dire que de pareils accidents, endommageant des édifices de leurs cultes, arrivaient sans l'ordre de Dieu.

Il paraît que cet état de choses motiva une nouvelle retraite. Il l'annonça par des écrits, tout en faisant entrevoir

(1) M. de Sacy en nomme plusieurs : Sikkin, Lahik, Ebn Albarbaryya, Ebn el Cardi, Mosab — Exp. II. 379.

(2) M. de Sacy en nomme treize. — Exp, II. 345.

(3) Il ne doit être question que du petit monument appelé la Maison sacrée, parce qu'elle renferme la pierre noire.

que le jour de l'apparition de Kaïem el Zéman approchait, et que les unitaires devaient l'attendre dans les sentiments d'une foi vive et pure.

Il protesta, en même temps, contre les doctrines honteuses enseignées par les novateurs, et déclara s'en tenir à sa religion, la foi unitaire.

La lettre publiée à cette occasion dénotait la gravité des dangers qui le menaçaient, puisqu'il y demandait à Dieu que celui qui, après en avoir entendu la lecture, ferait quelque démarche, ou tiendrait quelque propos tendant à connaître ce qu'il était devenu, qui épierait les lieux où il s'arrêterait ou les routes secrètes qu'il prendrait, pour découvrir ou suivre ses traces; que celui-là fut séparé du Créateur, qu'il n'eût aucune part avec lui.... Que la colère de Dieu et sa malédiction... demeurent sur lui (1).

Nous avons dû nous borner à citer la date de l'entrée en exercice de Moktana, celle des autres circonstances de son ministère étant difficiles à préciser, avec la grande incertitude qui règne sur les lieux où il remplit ses missions et la durée de chacune d'elles.

Nous croyons savoir seulement que Moktana, ne pouvant conjurer les tempêtes qui assaillissaient les unitaires, dut s'y soustraire lui-même par la fuite. Mais quand cela arriva-t-il? Est-ce peu, ou beaucoup, de temps après la dernière reprise de ses fonctions? C'est ce que nous n'avons pu savoir.

Si ç'a été en Syrie qu'il a d'abord porté ses pas, le Caire a dû être le lieu de ses autres retraites.

La première supposition est en quelque sorte confirmée par l'avis de M. Regnault, que « après sa disparition, ses « sectateurs se dispersèrent en Syrie, » parce qu'il fait sous-entendre qu'ils l'y suivirent plutôt que de renoncer à leur culte (2).

(1) De Sacy, Exp. II. 357.

(2) Cela contraste tellement avec le rapport suivant de M. de

Quant à une de ses cachettes en Egypte, nous en trouvons la preuve dans les passages que voici de l'Exposé de M. de Sacy :

« L'opinion la plus commune, c'est que sa retraite était « au Caire, parce que mon-Seigneur Béhaeddin avait besoin « de recevoir en tout temps, mais surtout à cette époque « importante, les lumières qui émanaient du wéli de la « vérité. La sagesse du Dieu très-haut exigea donc que la « retraite du wéli el zéman fût près de mon-Seigneur Bé-« haeddin, pour que le wéli l'aidât, en lui communiquant « la sagesse... en sorte qu'elle pût lui parvenir à chaque « moment... Aussi (Béhaeddin) dit-il : « Cette pièce a été « copiée pour être présentée (1). »

Nous avouerons, toutefois, qu'il ne résulte pas précisément de cette opinion que la retraite en question soit la seconde plutôt que la première, ou qu'on ne doive pas la compter pour une troisième, les raisons lui servant de base pouvant aussi bien convenir à l'une qu'aux autres.

Il est vrai que M. de Sacy assigne la *conversation face à face* publiée par Moktana à la vingtième année, et que si l'on peut inférer que la *correspondance secrète*, dont il parle (2), ait pu être entretenue par lettres, un dialogue supposant la présence d'au moins deux individus, il doit s'en suivre que Moktana était retourné en Egypte à la faveur de quelque circonstance favorable que nous pouvons hypothétiquement admettre.

Resterait toujours la question de savoir combien d'années Moktana a passé, soit en Egypte, soit en Syrie, sur les dix-huit écoulées de la troisième à la vingt-unième de l'ère de Hamzé.

Sacy, que je le crois basé sur un avis erroné. « Il n'y avait pas « plus de dix jours et un mois que durait son absence (c'est Mok-« tana qui l'écrit), et déjà il ne se trouvait plus personne qui con-« servait de lui aucun souvenir ; tous l'avaient oublié, et mécon-« naissaient les bienfaits qu'ils avaient reçus de lui. Alors se leva « le tyran du siècle, cet homme orgueilleux. » — Exp. II. 372.

(1) Exp. II. 369.

(2) Exp. II. 364.

Nous venons de dire qu'en prévenant qu'il se retirait, il saisit cette occasion pour déclarer que le triomphe des unitaires approchait, ce qui n'avait évidemment d'autre but que de les rassurer. Mais Moktana ne dut pas persister dans sa résolution, puisqu'il eut, quatre ans après, un entretien avec le grand Imam voilé.

M. de Sacy nous apprend, d'ailleurs, que les engagements furent reçus pendant vingt-six ans, jusqu'à la retraite de Béhaeddin (1), et je trouve dans un écrit que ce fut effectivement en 434 que ce ministre quitta sa charge (2).

Les auteurs, en faisant de la mission de Moktana deux parties, dont la première eut lieu après la retraite de Hamzé, la seconde devant précéder la résurrection, ont induit en erreur ceux qui ont appliqué cette division aux époques de sa mission sans considérer que le *Traité de l'âme*, en annonçant la seconde partie, fait nettement allusion à celle qui devancera le jugement dernier, ce qui était indépendant du partage de son administration — par les absences auxquelles le forcèrent les évènements — et qu'il remplit en Syrie et en Egypte, sans doute en plusieurs temps, comme le prouveraient les dix-huit ans qu'il y employa, si ce n'est davantage, ainsi que nous venons de le supposer avec quelque fondement.

« Le style de Moktana, dit M. de Sacy, quoique parfois « contraire à la grammaire et se rapprochant des formes « du langage vulgaire, est recherché, assujetti à la rime, « obscur, prolixe, rempli de métaphores, dont le sens est « très-difficile à saisir, et dans bien des cas, ce n'est qu'en « comparant les différents passages où se rencontrent les « mêmes expressions, qu'on parvient à s'assurer de leur « véritable signification (3). »

(1) Exp. II. 377.

(2) Qu'il faut distinguer de son ministère faisant partie du symbole de la foi unitaire.

(3) Exp. II. 339,

Nous clorons ce précis de l'histoire des Druses par l'aveu que de faux docteurs ont concouru, avec les musulmans, à la perte des unitaires: les uns en altérant la doctrine, en y introduisant des principes immoraux (1), — ce qui leur avait valu beaucoup d'adeptes, — les autres en profitant de leur affaiblissement pour les forcer à abjurer.

Nous convenons, en effet, qu'à part l'action de Hakem, pour repousser le puissant envahisseur de son propre pays, les livres Druses traitent vaguement d'attaques dirigées contre les états du Kalife par les Karmates, lorsque ceux-ci auraient dû les soutenir, ne fût-ce qu'à titre de réciprocité, et qu'un écrit de Hamzé fait allégoriquement le récit d'un combat dans lequel un petit nombre d'unitaires vainquirent une masse d'ennemis (2).

On peut dire, d'après cela, que si la secte Druse n'a pas conservé le pouvoir suprême, ce n'est point que des nations rivales les en aient dépouillée, par la force des armes, mais que ses propres vicissitudes l'obligèrent de l'abandonner.

Nous avons vu que malgré l'assurance que la qualité d'engagé, ou d'aggrégé, devait donner aux Druses ils n'osaient pas s'en prévaloir pour avouer leur foi, cherchant au contraire à singer les religions dominantes, afin d'éviter des vexations. Pouvaient-ils ne pas se les attribuer?

Leurs derniers chefs en faisant incontestablement preuve de beaucoup d'esprit ont montré, à notre avis, une pusillanimité extrême. Un peu d'énergie les eût rendu maîtres des évènements.

On a proposé diverses étymologies pour le nom de Druse, et il en est plusieurs que les auteurs ont adoptées comme définitives, sans se douter qu'ils erraient grandement dans leurs appréciations à ce sujet.

D'Herbelot a été le premier à lire *Darari* pour *Darazi*, comme si le *ze* de ce mot était privé de son point diacri-

(1) C'est à cette époque que le culte du veau prit probablement naissance. Il en sera question à la fin de la suivante section

(2) De Sacy, Exp. II. 168.

tique, ce qui en faisait un *re*, et sur cette erreur, que d'autres ont copiée, il a fait de leur secte des Darariouun (1).

Pétis de la Croix, qui s'était aperçu de cette méprise, n'eut point d'opinion sur l'origine de ce nom.

M. de Sacy veut que ce soient les Druses modernes, auteurs du Catéchisme, qui l'aient fait dériver du verbe *andaraz*, dont le sens, ajoute-t-il, est, suivant eux, le même que celui *andaradj*, être enveloppé, être roulé (2), ce qui revient, dit le texte du Catéchisme à, *il est entré sous la loi de Hakem*, par l'engagement qu'il a souscrit en embrassant la loi unitaire; mais M. de Sacy n'y voit qu'une subtilité, que ces sectateurs ont inventée pour ne point tirer leur nom de celui d'un fanatique, de Neschtékin Darazi (3).

L'opinion du savant orientaliste serait également fondée sur ce que jamais, dans les livres sacrés de cette nation, les unitaires ne se sont nommés Druses (4).

Je trouve cependant que l'auteur de l'épitre — des Mystères et des miséricordes — faisant suite à celle que Pétis de la Croix déclare contenir en abrégé toute la croyance des Druses (5), en s'adressant à l'assemblée des unitaires, leur dit : « Vous qui êtes agrégés dans la vraie foi. » *Allézin audaraztom fi mellet el esselam.* Or, cet écrit ne peut être attribué à un des imposteurs qui, du temps même de Moktana, altérèrent la doctrine unitaire, comme le dit M. de Sacy, ni à aucun autre moins ancien, puisqu'il con-

(1) L'aurait-il confondu avec celle des Dhararis dont parle Makrizi ? Le nom de ceux-ci venait de ce qu'ils espéraient voir Dieu au jour de la résurrection. — De Sacy, Exp. XXXIX.

(2) Je traduirais plutôt ce mot par : *être arrivé par gradation*, puisque *daradj* veut dire degré.

(3) Mém. de l'Acad^e des Inscrip. IX, 46.

(4) Il avait pourtant traduit *allezin audarazena* par : « Nous « sommes ceux qui avons été mis en possession de la foi, après « la religion de Mahomet, fils d'Abdallah, auquel se rapporte « l'hégire des musulmans, etc. » — Man. T. I. pag. 2.

(5) Pétis de la Croix, man. ar. 1583, pag. 3.

tient les principes de la foi orthodoxe telle que Hamzé l'a enseignée. (Voir VI. Sec. note 18.)

Les écrivains Druses peuvent avoir qualifié leurs adeptes de la manière qu'ils l'ont entendu, ou jugé convenable, et les historiens sont restés libres de se servir de la dénomination que le vulgaire avait adoptée.

Je pense, quant à moi, d'après tout ce que j'ai lu à ce sujet, que l'origine du mot mot Druse, ou Dursi, vient autant de Darazi que d'un chef ayant pris son nom dans le Liban, lequel les accueillit si bien, qu'ils s'y réfugièrent en quittant la vallée de *Taym* (1). Qu'alors ils cessèrent de s'appeler Tayamé, préférant porter le nom de leur bienfaiteur.

Nous n'accorderons, dès lors, pas plus de crédit à la prétention de Puget de Saint-Pierre sur l'étymologie des Druses, qu'il fait venir du comte de Dreux, l'un des héros de la conquête des Saints Lieux (2), qu'à celle des Mémoires des missions, qui la trouvent dans la corruption du mot arabe *deuz*, qui signifie cette ligne où se joignent les deux parties du crâne humain (3).

On a fait là dessus de savantes dissertations, mais leurs auteurs ont été les seuls à connaître les raisons sur lesquelles ils se fondaient, aucun des orientalistes qui ont écrit sur les Druses n'en ayant été informé, malgré les moyens qu'ils ont eu de l'apprendre par la lecture des manuscrits arabes et des relations des voyageurs (4).

(1) Ce fut le premier point qu'ils habitèrent dès leur arrivée ne Syrie. Il est situé dans les environs de Damas.

(2) Ce qui a pu donner lieu à l'idée de M. de Saint-Pierre, sur l'origine que les Druses tirent de Godefroy de Bouillon, c'est d'abord qu'ils prétendent que tous les personnages éminents. qui paraissent dans le monde sont *de leur nation*, et secondement, parce que la destruction des musulmans par les chrétiens étant le signe auquel doit être reconnu le dernier avènement de Hakem, c'était une raison pour les Druses de croire que ce roi fut plus particulièrement pourvu d'une âme unitaire

(3) T. IV. 217.

(4) Dans les Annales des voyages, M. Malte-Brun a émis aussi on opinion sur l'origine des Druses, qu'il fait remonter aux

Ici se présente une autre objection : les unitaires d'Egypte ont-ils donné le nom de Dursi à ceux de Syrie, ou bien l'ont-ils reçu de ceux-ci ?

Les auteurs n'en disant rien l'on ne peut risquer aucune conjecture à cet égard avec quelque espoir de succès.

Revenant toutefois à l'origine du nom Druse, pour lequel nous n'avons point partagé le sentiment de M. de Sacy, qui l'attribue aux auteurs modernes du catéchisme, nous pouvons faire remarquer que le savant orientaliste n'a pas moins attribué sa composition à l'instruction des unitaires, ce qui prouve à la fois l'existence de l'écrit et

temps bibliques. Il en retrouve la trace dans Pline, Virgile, Ciceron, Lucain et autres. Il veut que du nom Iturai, Ituréen, soit venu celui de *Dursi*, ou plutôt *Tursi*, parce que l'allemand Niébuhr leur a donné ce nom, qui est, au surplus, celui qu'ils portent, *Drouz* au pluriel, faisant *dursi* au singulier. Il croit d'après cela, que ces montagnards, occupant le pays pendant le règne des trois croyances qui s'y sont succédées, aient pu former leur religion d'un mélange bizarre de doctrines judaïques, chrétiennes et musulmanes.

Mais la dissertation de M. Malte-Brun, pour être savante, n'en repose pas moins sur une fausse base : il ne s'agit que d'une faible ressemblance de noms, entre les anciens habitans du Liban et les nouveaux, car le nom de Druse paraît trop bien expliqué pour qu'il soit nécessaire de recourir à d'autres étymologies.

Je dirai, d'ailleurs, que les Druses n'occupent qu'une petite partie de cette montagne, autrefois couverte de Métoualis et de chrétiens, et aujourd'hui de ces derniers, qui ont pris en bien des endroits la place des autres.

Une des raisons aussi qui combat l'opinion de M. Malte-Brun est celle-ci : La religion des Druses n'est pas plus un mélange de judaïsme et de christianisme que celle des musulmans ; mais c'est une idolâtrie, un système de croyance tout à fait nouveau, ne s'étant appuyé sur les sectes contemporaines que pour profiter de leur morale, de leur influence, et pour ne point en effaroncher les adeptes.

Venture de Paradis fait cette réflexion :

« Dire que les Druses aient occupé le pays des Ituréens, et que « les descendants de ceux-ci soient du nombre des initiés aux « doctrines de Darazi, c'est assez vraisemblable ; mais vouloir « qu'ils soient restés ce qu'ils étaient dans l'origine, c'est ce qui « est aussi difficile à croire que de prétendre retrouver aujourd'hui « des Phéniciens, des Grecs et des Romains dans les personnes « qui occupent les pays de ces nations illustres. Ses lois, ses « mœurs, sa religion, qui n'appartient qu'à elle seule, en font « un peuple différent de tous les autres. » — Annales des voyages. 325.

son utilité. C'est donc pour nous une raison de plus de croire ce formulaire antérieur à l'époque que lui assigne M. de Sacy et à inférer que puisqu'il commence par la question :

Es-tu Druse ?

C'est que ce nom n'est pas moins ancien que la secte qui l'a adopté.

Du moment qu'elle se fut formée le besoin de l'instruire dut suggérer l'idée de ces demandes et réponses si propres à éclaircir l'entendement.

IIe SECTION.

RÉSUMÉ DES DOCTRINES.

Je ferai précéder l'exposé des principes de cette religion de quelques explications, trouvées dans les auteurs Druses, parce qu'elles disposent à les mieux comprendre.

La confession de l'unité a toujours existé, et ce qui le prouve incontestablement, c'est, disent-ils, que les fidèles appelés à entrer dans cette confession, ont répondu par une acceptation spontanée, comme s'il se fût agi d'une chose connue, leur revenant à l'esprit par réminiscence.

Dans les arts, rien n'est inventé non plus, on ne fait qu'imiter un objet original produit par le Créateur.

Les âmes, formées de la lumière de l'intelligence, n'augmentent ni ne diminuent; elles passent d'un corps à un autre, ne changeant que d'enveloppe et de figure.

L'âme est composée de deux substances : l'une active, indépendante, l'intelligence; l'autre active et passive, l'âme noble, susceptible d'ignorance et d'intelligence.

L'homme est le but du Créateur. Les autres êtres, et tout ce qui existe dans le ciel et sur la terre, ont été faits pour lui.

Etant seulement soumis au Tout-Puissant, il doit

éprouver du bien et du mal, en raison de ses actions bonnes ou mauvaises (1).

La création de l'homme avec de la poussière donna lieu aux réflexions suivantes :

« C'est là une chose qui n'est point raisonnable, et ne « saurait être vraie, et il n'est permis à personne de l'ad- « mettre ; car la figure est un corps, et quiconque a un « corps est exposé à toutes sortes de changements. Quoi ! « Adam et ses enfants ressembleraient au Créateur, qui « est digne de louanges et bien élevé au-dessus d'eux ! Où « serait donc la différence entre l'adorateur et l'être adoré, « entre le Créateur et la créature, entre celui qui dispense « les bienfaits et celui qui les reçoit ? C'est une absur- « dité (2). »

Les Druses n'admettent pas, non plus, qu'Adam n'ait eu ni père ni mère. « Il est impossible, disent-ils, qu'un « être corporel doué de la parole soit produit autrement « que par un corps semblable à lui, mâle et femelle (3). »

Si, selon eux, Adam avait dû être formé de matières, « c'est de perles, de diamants et d'émeraudes que Dieu « aurait composé son corps, ces pierres étant plus dures « que la terre (4). »

Ils croient cependant que Dieu ait créé directement l'intelligence et tous les premiers habitants de la terre, hom-

(1) Ces principes sont visiblement empruntés aux philosophes grecs et aux grands écrivains des autres pays, que Hamzé et Moktana connaissaient.

La Théogonie des Druses a fait connaître la source des nombreux emprunts que nous avons pu remarquer dans les écrits des Druses.

(2) De Sacy, Exp. II. 113.

(3) De Sacy, Exp. II. 114

(4) Pétis de la Croix, man. fr. 582 I. 147.

Ces idées ont été sans doute puisées dans le système des anciens Egyptiens, d'après lequel rien ne pouvait naître de rien, ni passer d'une cause à une autre sans quelque cause determinante. — Abbé Batteux, 98.

mes, femmes, vieux et jeunes, et c'étaient bien des êtres corporels (1).

Quant aux sectateurs de Hakem, ce sont uniquement ceux qui ont répondu à l'appel, comme on va le voir, car les Druses ne font plus de prosélytes (2).

On avait d'abord accordé une entière liberté de conscience, pour que chacun eût à se déterminer en pleine sécurité et selon ses convictions ou ses désirs.

L'invitation de reconnaître la divinité de Hakem, commencée du temps de Hamzé, a été finie sous le ministère de Béhaeddin, et « le titre authentique, contre toutes les « créatures, s'est trouvé ainsi complété (3). »

Ce temps a été de vingt-six ans, pendant lesquels on a reçu les soumissions et rédigé des écrits en faveur de ceux qui adhéraient.

« Après quoi on cessa de prendre des engagements, et « l'on ne tint plus compte à personne des œuvres qu'il « faisait, s'il n'avait pas été dressé contre lui un acte « d'engagement en présence des ministres, je veux dire « d'aucune œuvre qui opère le salut et qui conduise au « bonheur; autrement, tant que la résurrection n'arrivera « point, on tiendra registre des actions des hommes, « bonnes ou mauvaises. Ces actes d'engagement, qui ont « été dressés contre les unitaires et les apostats, sont con- « servés dans des lieux sûrs (4), où ils ne s'usent point, et « ne sont sujets à aucune altération, confiés à la garde « du Seigneur des mondes jusqu'au temps de la rétri- « bution (5). »

(1) Ce n'est pas sans raison que M. de Sacy qualifie de rêveries bizarres et absurdes les démonstrations des auteurs Druses pour expliquer leur religion.

(2) De Sacy, Hist. et mém. III. 74.

(3) De Sacy, Exp. II 373

(4) Les Druses croient que c'est pour enfermer leurs actes que les pyramides ont été construites. — Voir Catéch., 64.

(5) De Sacy, Exp. II. 377.
L'habitude des écrits druses nous permet d'ajouter ici deux

La prédication annoncée par l'Evangile, comme devant arriver avant la dernière heure, les Druses disent qu'elle a été accomplie pendant les neuf ans qu'a duré la première publication des doctrines unitaires. Et ce temps, il faut le trouver dans le ministère de Moktana, qui a été seul d'une certaine durée, car le Seigneur et les autres ministres n'ont pas eu de si longues apparitions, ainsi qu'on l'expliquera encore dans le Catéchisme.

Les principaux devoirs des Druses sont :

Honorer Hakem comme Dieu ; suivre aveuglement ce que les Imams enseignent ; croire que l'âme ne périt pas, puisque d'un corps qui décède elle passe dans un autre qui naît ; s'abstenir de tout mensonge et jurement ; ne rien révéler des mystères de la religion au vulgaire, encore moins aux étrangers ; secourir les unitaires et se tenir à l'écart du monde.

Les sept préceptes druses et les commandements mahométans qu'ils révoquent sont ceux-ci :

La véracité de la langue remplace la prière.

La pratique de la fraternité, la dîme.

L'abandon du culte du néant, le jeûne.

Le renoncement aux démons, le pèlerinage.

La confession de l'unité, les deux professions de foi.

Le contentement des œuvres du Seigneur, la guerre sainte.

La résignation à ses ordres (1), la soumission à l'autorité légitime.

De tous ces préceptes, le plus grand, comme le plus important, consiste à ne point communiquer à qui que ce soit les secrets du maître, parce que leur divulgation est le crime le plus énorme qu'on puisse commettre. Quiconque se rend coupable de la moindre révélation mérite, par

explications. Ce sont les actions des adhérents qui seront exclusivement enregistrées, et quant aux apostats, il s'agit de ceux qui ont fait retour à la foi pendant le temps accordé au repentir

(1) Fascicule 7.

conséquent, la *mort*, soit d'être rayé sans pitié du nombre des unitaires pour passer au rang des infidèles (1).

La *droite voie* (2) comprend aussi ces autres commandements :

« Volez à la défense de vos frères ; distinguez-vous par « un extérieur modeste et par l'affabilité de vos procédés ; « soyez charitables et compatissants envers vos parents ; « chastes et continents dans vos plaisirs. C'est par la pra- « tique de ces vertus que vous éviterez la mort du corps « et de l'esprit et que vous arriverez au comble d'une féli- « cité durable. Si vous avez le malheur de vous en écar- « ter vous trouverez, tôt ou tard, le châtiment de votre in- « fidélité, car notre Souverain Seigneur est juste dans ses « jugements, et la loi qu'il vous a imposée n'a rien de « dur, ni de tyrannique (3).

« Ne vous retournez point, dit le Medjlis (4), vers le « jour d'hier ; ne portez pas vos regards vers le jour de « demain ; faites attention au jour présent ; c'est sur ce « jour que vous serez interrogés (5). »

Dieu, en laissant aux hommes le libre arbitre, leur a dit : « Soyez sincères dans la foi de l'unité, et mettez-la « en évidence, ou bien soyez francs dans la croyance de « l'infidélité, mais cachez-la (6). »

« Dieu n'exige point que les créatures connaissent ce « qui est pour elles indéfini, incompréhensible et imper- « ceptible aux sens. Tous les hommes à qui il a été donné « d'apprendre ce qu'étaient ces choses spirituelles, c'est « qu'elles leur ont été montrées par des figures vivantes et « parlantes (7). »

(1) Epitre des secrets.
(2) C'est le titre d'une épitre.
(3) Venture. man. 112. 127.
(4) Tribunal des conférences de la sagesse.
(5) De Sacy, Exp. II. 463.
(6) Man. arabe, 1583. pag. 18.
(7) Man. fr. 583 VI. 122.

Ceux qui professent l'unité doivent paraître indifférents pour les charges honorifiques, et fonder seulement leur félicité sur la possession des hauts emplois, qui seront un jour la récompense de leurs vertus (1).

Il n'est pas seulement enjoint aux fidèles instruits d'user de circonspection pour tout ce qui a rapport à la religion — dont le secret est un principe sacré ; — mais dans la crainte qu'ils ne soient circonvenus, on les autorise même à feindre d'ignorer les mystères de leur foi (2).

A cette fin, il est dit dans l'une des épitres canoniques : « Si nous avons permis de déguiser la vérité, en présence « des infidèles, ce n'est qu'en cas que la vérité pût porter « préjudice (3). »

Car il est reconnu, dans cette même épitre, que la vérité élève, et qu'elle est l'une des espèces de beautés.

Alali, qui est le Dieu unique, a créé le monde de toute éternité (4), dans sa composition actuelle, sous ses divers rapports physiques et moraux. Les êtres humains seront donc trouvés dans les mêmes conditions de sexes, d'âges, d'état, etc., que nous les voyons aujourd'hui.

Hakem, la dixième incarnation divine, n'a pas été le fils d'Aziz, et n'a pu être le père d'Ali, puisque, par sa nature, il n'avait point de femme. Dans tous les temps il a été lui-même. Il a paru sous la forme humaine et visible comme il lui a plu. Il n'est pas sujet à être changé par les révolutions des siècles, et il prend à son gré une figure différente ; il peut être à la fois dans toute espèce d'état. Enfin, on ne peut décrire Hakem par la langue, ni le concevoir par le cœur (5).

« .... Le mérite de la foi consiste à croire que le Sei-

(1) Les Druses deviendront des puissances sous les auspices de l'Ami. Epit. *Djamhéria*. Voir ci-après.

(2) Epitre des miséricordes.

(3) Man. arabe. 582. III. 9.

(4) C'est à dire à la fois, après qu'il eut produit l'Intelligence.

(5) Epitre de la Découverte de la vérité.

« gneur, en se rendant accessible aux sens par la figure, « qui lui sert de voile, ne laisse pas d'être infini, incom- « préhensible, inaccessible aux sens; malgré la diversité « et la succession de ses manifestations, il n'y a cepen- « dant à son égard ni succession de temps, ni aucun nom- « bre. L'humanité divine du Seigneur est antérieure à « toutes les choses créées, elle est le prototype de la figure « humaine, et la manière dont les hommes le voient, dans « la figure qu'il revêt, est proportionnée au degré de pu- « reté de chacun et à son avancement dans la connaissance « de la religion unitaire. Il était nécessaire que la divinité « se manifestât ainsi, sous une figure humaine, pour que « les hommes fussent à portée d'acquérir une pleine con- » viction de son existence, et que la justice divine pût « récompenser ceux qui auraient cru et punir ceux qui « auraient été incrédules: mais les manifestations devaient « en même temps avoir quelque chose d'obscur et d'in- « compréhensible, afin que la foi devint un mérite, en « étant un acquiescement libre de l'esprit de l'homme à la « vérité (1). »

Hakem, la dernière manifestation, en venant au monde pour se faire adorer de toute la terre, a ramené le premier Adam, qui a pris tour à tour les titres de Directeur, de Législateur souverain, de Cause des causes, de Verbe de Dieu, de Collecteur immédiat. Il était en premier lieu l'Intelligence infinie.

Hamzé a été appelé le vrai Messie (2); il est de plus désigné par les mots *Aknoum* (hypostase) et Eternel (3).

« C'est pour cela que les lieux où l'on baptise les hom- « mes sont nommés église et autel, car Hamzé entend, « par l'autel, que sur lui seront sacrifiées les croyances « des fausses lois et les impostures des impies, et en même

(1) De Sacy, Exp. I, 66.

(2) Qui n'est pas le Jésus fils de Marie des chrétiens. Cela sera expliqué dans la Ve section.

(3) De Sacy. Exp. II, 257.

« temps il leur enseignera l'unité suivant la foi orthodoxe. « L'église, c'est le serment, la profession, la promesse et « la confirmation qu'il obligeait de faire à tous ceux qui « acquiesçaient à l'appel de l'unité, qui est la parole d'u- « nion réunissant les fidèles dans le Seigneur Messie (1). »

Adam s'associa Énoch, appelé le second Adam, l'oublieux, le matériel (2).

Les Druses croient que Dieu étant partout, dans les cieux et sur la terre, on peut l'adorer sous la forme qu'on veut.

Les unitaires adressent, en conséquence, leurs actions de grâces au Créateur des mondes, si remplis de merveilles, sur leur administration ingénieuse, dans laquelle la sagesse et l'ordre sont cachés (3).

C'est la foi qui éclaire et l'erreur qui aveugle ; or, le converti, qui est convaincu de la vérité de la religion, éteint en lui le feu de l'incrédulité que l'*ennemi* y avait allumé, et le dépouille de tous les moyens acquis sur sa personne (4).

Dieu est le médecin qui guérit le mal dont il a frappé. Nul ne peut empêcher sa grâce de faire du bien.

Quatre livres contiennent les fondements de la religion des Druses, et ce sont, comme chez les musulmans : le Pentateuque, les Psaumes, l'Evangile et le Koran. Mais

(1) Pétis de la Croix, man. fr. 583. III. 117.
« Ce qui prouve que sa parole est la parole vraie de l'unité, « c'est qu'il a commandé à ses disciples de baptiser les gens avec « l'eau salutaire, et l'eau est l'indice de la vérité de l'unité et de « la science de la foi. De même, les endroits dans lesquels on « baptise les gens sont appelés temple et autel ; or, la significa- « tion de l'autel, c'est qu'on y sacrifie (on fait cesser) les lois « et les offrandes des infidèles (de ceux qui associent à Dieu), et « qu'on les porte à la foi unitaire par une droite voie. L'Eglise, « c'est le serment, l'engagement, l'attrait, qui sont la parole, « ayant pour unique objet le Seigneur Messie, parce que son « essence se trouve unie à l'essence du Verbe de la vraie unité. — Adler, 146.

(2) Je ne citerai pas autrement la succession des manifestations inférieures. On les trouvera dans la Théogonie des Druses.

(3) Epitre de la Prière exaucée. — De Sacy, man. I. 399.

(4) Epit. de la Découverte de la vérité.

les unitaires n'en admettent, comme venant du Seigneur, que ce qui est vrai, selon eux; ils déclarent que le reste est l'œuvre des *Nateks* (prophètes) imposteurs (1).

Les Druses comparent les lumières de la religion et ses secours divins à l'utilité qu'ils tirent des deux mains (2).

Ce sont les lumières reçues du Créateur qui seules relèvent l'homme au-dessus des autres êtres.

La religion unitaire et l'Imam, qui en est le chef, sont également désignés par les mots *miséricorde* et *justice,* ou *adlié*, qui veut dire ami de la justice ou juste (3).

Cette religion est également nommée dans les livres druses : *Confession de l'unité*, *sanctification*, *dépouillement de toute idée accessoire*, *abstraction de tout attribut.* (4).

Elle est souvent appelée : troisième voie, troisième partie ou sentier, par rapport aux deux sectes ennemies, la musulmane et la schiite, d'autres disent la chrétienne et la mahométane (5).

La proclamation de l'unité, dit un de leurs écrits, sera suivie de l'anéantissement de toutes sectes, de sorte que

(1) On doit induire de cette déclaration, qu'à l'instar des musulmans, les Druses ne s'attribuent ces livres sacrés que pour donner plus de poids à leurs doctrines.

(2) Man. fr. 582. I. 151.

(3) De Volney veut qu'ils aient pris cette détermination à cause d'un point de doctrine élevée contre la croyance des Sunnites, et il ajoute : « On appelle *adlié* ou *justiciers*, des sectateurs qui prétendent que Dieu n'agit que par des principes de justice conformes à la raison des hommes. Dieu ne peut, disent-ils, proposer un culte impraticable, ni ordonner des actions impossibles, ni obliger à des choses hors de notre portée; mais en ordonnant l'obéissance, il donne la faculté, il éloigne la cause du mal, il permet le raisonnement, il demande ce qui est facile, et non ce qui est difficile; il ne rend point responsable de la faute d'autrui; il ne punit point d'une action étrangère; il ne trouve pas mauvais dans l'homme ce que lui-même a créé en lui, et il n'exige pas qu'il prévienne ce que la destinée a décrété sur lui parce que cela serait une *injustice* et une *tyrannie* dont Dieu est incapable par la perfection de son être. » — Voyage, II. 78.

(4) De Sacy, Exp. II 635.

(5) De Sacy, Exp. II. 460.

les traîtres et les mécréants n'auront plus aucune puissance sur la terre (1).

« Hakem, en détruisant le monde et toutes les religions, « a appelé ses sectateurs à une nouvelle vie, qu'ils auront « à parcourir d'après les lois qu'il leur a données (2).

La foi est comparée à un collier de perles, dont on se dépouille en cachant sa religion (3) ou en apostasiant, mais elle est inutile à l'âme qui n'aura pas cru, avant le jour de la *résurrection* (4), et si elle n'a acquis, pendant qu'elle croyait, le paradis par ses bonnes œuvres.

« L'une des plus fortes preuves du pontificat du législa- « teur druse, c'est qu'à l'opposé des anciens prophètes et « philosophes, qui ont reconnu une divinité imaginaire, « il a appelé les hommes à la connaissance et au culte de « la divinitc existante et visible, d'un Dieu tout-puissant « et triomphant en toutes choses. Ainsi, engager les peu- « ples à la foi de l'adorable juge Hakem, Dieu existant, « c'est agir avec équité d'âme et de conscience, autant « qu'avec désintéressement; tandis qu'appeler à une divi- « nité imaginaire, c'est rechercher la supériorité pour sa « personne. Or, celui qui fait cela découvre ce qui est en « lui à l'homme judicieux et avisé (5). »

Il est le « Dieu qui est distingué de tous les autres êtres, « en ce que lui est le *sens* (c'est à dire l'objet intérieur et « réel) de toutes les manifestations divines; qui, par sa « divinité, et quant à sa nature, est trop saint pour qu'on « lui applique aucune idée de quiddité ou de quantité; « qui, à son existence près, est exempt de tout ce que les « esprits peuvent concevoir ou que les paroles usitées dans « le discours peuvent exprimer (6). »

(1) De Sacy. Man. fr. I. 143.

(2) Pétis de la Croix, man. fr. III. 32.

(3) Sans doute hors le cas de légitime dissimulation.

(4) Par résurrection, les Druses entendent la profession de foi publique de la religion de l'unité, c'est à dire sa proclamation.

(5) Pétis de la Croix, man. fr. IV. 129.

(6) De Sacy, Exp. I. 60.

Il a donné à l'homme le discernement pour connaître les choses cachées, et l'intelligence pour le guider dans les spirituelles. De plus, il l'a doué de la faculté d'apprendre les sciences, de les conserver dans la mémoire, et d'aider l'intelligence dans ce qui est purement du ressort de la pensée (1).

Il a obligé toutefois ses créatures, pendant son règne, à lui vouer leur cœur et à exposer leur vie pour instruire, par un effet de sa grâce, les *patients obéissants* sur ce qu'il a ordonné (2).

Il déclare cette obligation indispensable aux gens pieux, dévots et de bonne conduite, qui possèdent les qualités des gens justes, indépendants et unitaires. Il leur recommande d'examiner avec leur jugement, non avec leurs yeux, et de prendre exemple sur les principes de sagesse qui ont paru dans les siècles passés; de réfléchir sur les défauts dans lesquels ils sont tombés, et de les réparer par la foi en l'unité qu'ils ont négligée, par leur attachement aux plaisirs de la vie (3).

La condescendance et la résignation sont proposées comme moyens d'obtenir la miséricorde du maître, par l'intervention de son ami, en professant une vive foi en lui.

« Il purifiera votre boisson, dit une Epitre druse (4), et
« vous retournerez à l'élément le plus doux et le plus pur.
« La sainte amitié déploiera sur vous les ailes de sa libé-
« ralité, et une franche sympathie vous guidera dans les
« sentiers de la grâce qui mènent à la satisfaction. »

En parlant de la divinité, les Druses se servent de la formule : Notre Souverain Seigneur, au lieu de dire Dieu, comme les chrétiens et les musulmans. Au surplus, *selon*

(1) De Sacy, man. I. 414.
(2) Epit. Avertiss. cons. répr. et inform.
(3) *Id.*
(4) Appelée Djamhéria. man. fr. 583. III. 76.

les Druses, ce nom du Créateur est attribué dans le Koran à ses serviteurs et aux grands-prêtres (1).

Hamzé, en permettant les bonnes choses et en interdisant les mauvaises, a voulu donner pleine liberté aux hommes de se déterminer selon leurs idées. Il a espéré que ceux dont la foi n'était qu'apparente, au lieu d'être gravée dans leur cœur, — lesquels n'auraient adhéré qu'en vue de satisfactions personnelles, — seraient ensuite ramenés par les reproches de leur propre conscience (2).

« Moi, je vous parlerai, disait-il, en termes ordinaires « et familiers, connus de tous les serviteurs de Dieu, de « choses certaines et publiques. Je vous expliquerai ce « qui concerne l'unité, pour instruire à l'amiable l'obéis-« sant qui désire marcher dans la vraie voie (3). »

On exhorta jusqu'au dernier moment les unitaires, leur faisant sentir que ce sera renoncer au fruit de leurs bonnes œuvres que d'arriver trop tard avec des hommages forcés (4).

C'est pour ceux qui ont refusé de reconnaître la vérité et qui ont persisté dans la négation de l'unité, dans tous les temps, que la porte a été fermée (5).

L'entrée étant irrévocablement close, il ne reste plus aucun espoir à ceux qui ont rejeté les enseignements unitaires, tout prosélytisme ayant cessé.

(1) Cela fut déclaré lorsqu'on témoigna de l'étonnement de ce que Hamzé avait osé prendre le nom de son maître El-Kaïem. — Man. fr. 582. II. 167. Voir Théogonie, note 1.

(2) Pour donner plus de clarté aux écrits destinés à les instruire, et pour leur en faciliter l'intelligence, il avait ordonné que les mots barbares en fussent retranchés, afin qu'on n'eut plus aucun prétexte pour se convertir. — Epit. des miséricordes.

(3) Pétis de la Croix, man. arabe 1583. 22.

(4) D'après les écrits druses, le temps est indiqué par *avant midy*, qui représente l'absence de Hamzé; mais depuis a eu lieu le sursis de Moktana, qui a prorogé le terme à vingt-six ans.

(5) Les Druses font l'emprunt de cette idée au Koran :
« Il y eut des envoyés chargés d'annoncer et d'avertir, afin que « les hommes n'eussent aucune excuse devant Dieu après la mis-« sion des apôtres. » — Biberstein, Sur. IV. v. 163.

Mais si Hamzé, au moment de se retirer de ce monde, a exhalé son courroux contre le peuple désobéissant (1), en mettant fin à l'appel qui lui était fait et lui retirant sa miséricorde, il a dicté les devoirs que les sectateurs de Hakem auraient à connaître et à pratiquer ; il leur a prescrit également de conserver intégralement leur foi jurée jusqu'au jour de la résurrection (2) ; car s'ils la perdaient, avant ce temps mémorable et suprême, ils ne seraient pas admis à jouir du bonheur promis aux unitaires irréprochables.

« Le lieutenant de Dieu, l'émir des fidèles, a laissé tous « les mortels abandonnés à eux-mêmes.... Il est sorti du « milieu d'eux. Ils ne savent que penser à son sujet ; ils « en ont différentes opinions, et flottent dans l'incertitude, « mais ils n'obéissent point à la vérité et ne reviennent pas « au lieutenant de Dieu. Cependant Dieu a dit : *S'ils con-« sultaient sur cela Dieu, son apôtre et leurs chefs, ils en « seraient instruits par ceux auxquels ils se seraient « adressés pour éclaircir leurs doutes* (3). »

Deux prédications ont été employées depuis la dixième incarnation.

La première, qui a duré jusqu'à la retraite de Hamzé, laquelle, en déterminant la fermeture de la porte et le retrait des miséricordes, a fait proclamer unitaires ceux qui avaient adhéré à la foi de l'unité en signant l'engagement exigé, et classer les autres, c'est à dire tous ceux qui ont renié cette foi, au nombre des mécréants, des infidèles, des ennemis de Hakem.

Le but de la seconde a été de maintenir les unitaires dans les principes par eux adoptés, en les tenant continuellement en garde contre les périls que courrait leur vertu par les vices qui les menaçaient. A cet effet, on leur

(1) A l'exception des unitaires.

(2) C'est à dire de la proclamation de la foi unitaire, comme cela a déjà été annoncé.

(3) De Sacy, Exp. I. 265.

rappelait les récompenses et les punitions qui les attendaient, pour qu'ils parvinssent au terme prescrit avec la satisfaction de n'avoir pas failli dans la voie difficile de l'honneur et de leur salut.

Ce terme sera l'avènement de Hamzé, ou la résurrection et le jugement, qui doit régler la destinée future des unitaires, de ceux qu'une conduite toujours sage et irréprochable aura rendu dignes des justes récompenses qui les attendent (1); car pour les sectateurs de Hakem ayant failli ou dont la conduite n'aura pas toujours été exempte de blâme, ceux surtout qui auront apostasié, ils seront éternellement assujetis aux unitaires élus.

Il paraît que ce fut pendant la persécution, qui éclata à la disparition de Hamzé, qu'eut lieu la prorogation demandée par Béhaeddin.

« J'ai fait attention, dit celui-ci, à une lettre qui m'est « parvenue de la part de mon seigneur le Kaïem el Zéman, « par laquelle il m'ordonne de composer des traités et de « les lire aux hommes éclairés. »

« Quand il eût reçu cette lettre du Kaïem de la vérité, « ajoute M. de Sacy, il se leva pour exécuter l'ordre qui « lui était donné de mettre par écrit la sagesse, de prê- « cher, d'établir des daïs, et de diriger les hommes. Mon « Seigneur Béhaeddin et les Daïs, qui étaient restés avec « lui, continuèrent à inviter les hommes à reconnaître la « divinité de Hakem, dépouillée de la qualité d'Imam, « comme les y avait invité le Kaïem el Zéman. Pendant « cet espace de temps, a été complété le titre authentique « contre toutes les créatures; car, dans les trois premières « années, qui sont celles de l'exercice de Kaïem el Zéman, « le titre a été obtenu contre tous les hommes qui étaient

(1) Platon ne promettait l'entrée du ciel qu'aux âmes qui s'étaient signalées dans la pratique de la vertu pendant trois incorporations, et Pindare, plus de cent vingt ans avant lui, enseignait la même doctrine. Beausobre. II. 495.

Les Druses et les Nesséiris ont sans doute puisé leurs croyances à cette source.

« d'un âge mûr ; mais pendant que Béhaeddin a exercé son « ministère, comme remplaçant le Kaïem el Zéman, le « titre a été obtenu contre tous ceux qui, à l'époque des « trois premières années, n'avaient point encore atteint « l'âge de mâturité. (1). »

C'est pour préserver les unitaires de la fin funeste qui les attendait, pour leur éviter les peines qui atteindront les prévaricateurs et les réfractaires que les missionnaires avaient été nouvellement envoyés, que les prédications étaient faites; car depuis que la porte est définitivement close et que les hommes ne peuvent plus compter sur la compassion du Très-Haut, nulle conversion n'est acceptable de la part de ceux qui n'ont pas signé d'engagement, en adhérant au pacte fondamental, ainsi l'appel du peuple à une foi, dont la voie lui est fermée, impliquerait une étrange contradiction.

Tout espoir de rémission doit être dès lors abandonné par ceux qui ne sont pas arrivés à souscrire l'acte exigé, dans ces deux périodes, et la plume est émoussée pour la classe des réprouvés. On ne continuera pas moins à enregistrer les actions des engagés, jusqu'au jour de la résurrection, pour servir de titre à leur récompense ou de motif à leur punition.

Au nombre des bienfaits que les Druses se promettent, est la possession de la terre entière. Ils commenceront par être les héritiers des Turcs, que les chrétiens doivent détruire complètement (2).

(1) De Sacy, Exp. II. 672.

(2) C'est à ce titre qu'on a pu croire qu'ils avaient quelque préférence pour les chretiens

« Dans la guerre de 1777, les Russes ont été reçus chez eux « à bras ouverts, par l'espérance dont les Druses se bercent, « qu'après la dissolution de l'empire ottoman ils sont destinés à « jouer un grand rôle dans le monde. » — Venture, man. 112. 32.

Dans les dernières circonstances, ils n'ont montré qu'une atroce perfidie pour les Maronites et les Grecs catholiques. s'étant unis aux musulmans pour les mieux accabler. Ceux-ci n'ont pourtant pas de plus grands adversaires que les Druses, et la sympathie dont ils se sont laissé pénétrer a été une vraie duperie dont ils n'ont pas tardé, au surplus, de s'apercevoir.

L'apparition ultérieure de Hakem est donc fixée à l'époque où cette destruction aura lieu. C'est alors que Hamzé recevra le glaive exterminateur, pour soumettre le monde et en confier le gouvernement aux unitaires.

Les Druses conserveront invariablement leur nombre jusqu'à ce jour, où leur règne sera proclamé sur toute la terre par celui qui est l'Enseignant par excellence.

De justes récompenses sont ainsi annoncées aux bons, comme des punitions aux méchants, à ceux qui, contrairement à la recommandation d'être sincères, se sont permis de mentir ou de tomber dans le défaut de déloyauté. Un de leurs écrits contient cette déclaration : « Ceux qui « ont menti au sujet de Dieu auront un jour le visage « noirci (1). »

« A l'égard des unitaires (purs), ils seront ses amis (de « Dieu) et ses élus. Leur vie sera éternelle, et il n'y aura « qu'un culte pour un seul adoré sur toute la terre (2). »

Ceux qui ne se sont point rendus à l'invitation de professer l'unité seront soumis aux unitaires, et lorsque le Maître du siècle fondra sur les mécréans avec son glaive, il les mettra en pièces, ou bien il les détruira par le feu, et anéantira leurs âmes et leurs corps (3).

Néanmoins, on leur avait dit longtemps : « Cessez « d'écouter les impertinences du bas-peuple, car le doute, « dans la religion, est un fléau destructeur pour ceux qui « s'y sont livrés (4). »

(1) Epit. Avertiss cons. réprimand., etc.

(2) Man. arabe. 1583. pag. 13, « Les unitaires seront dans des délices perpétuelles, des richesses abondantes, et dans un règne permanent, comme a dit le Koran. » Man. fr. 582. I. 144.

(3) Man. arabe. 1583. pag. 12. Il paraît que ces châtiments seront pour ceux que l'exterminateur n'aura pu atteindre, car moins de supposer que le glaive de Hamzé tuera également le corps et l'âme, il est impossible de ne pas admettre à leur égard une résurrection, ou plutot le retour dans le monde sous une nouvelle figure pour y subir la punition de leurs crimes : mais cela est contraire aux principes druses. — Voir Théogonie, note 131. pag. 122.

(4) Man. fr. 582. II. 132,

Le doute est ainsi défini dans la théologie des Druses :
« Tous les hommes sont dans le doute, et le doute est « une infidélité, parce qu'ils adorent ce qui ne se fait pas « entendre, ce qui n'entend pas, et ce qui ne fait ni bien « ni mal. Ils ne savent pas si leur adoration est agréable « à l'objet de leur culte, ou bien s'il exige d'eux une chose « parmi celles que leur raisonnement leur a suggérées. « Leur entendement ne le comprend pas, à cause de sa « faiblesse, et c'est le centre du doute, dont notre Maître « nous préserve (1). »

Quant aux rénégats, ils seront bannis de leur patrie jusqu'à ce qu'ils aient fait pénitence. « Le Créateur défendra aux amis de son ami de s'approcher d'eux, et il éta- « blira, par ce moyen, une preuve contre ceux qui l'au- « ront contredit, et qui auront outre-passé ses ordres à « cet égard (2). »

Hamzé dit encore à ses sectateurs que « tous les habi- « tants de la terre faisant profession du culte des idoles, « des flèches, des statues, du soleil, de la lune, des dieux « ou salamandres, ont plus de foi et plus sujet d'espérer « une heureuse fin que ceux qui ont embrassé la religion « de N. M. par avidité et par hypocrisie, et qui, à l'arri- « vée d'un petit malheur, renient la religion et retournent « en arrière (3). »

Moktana confirme ces observations en ces termes :
« Celui qui après avoir suivi les sentiers tracés par les « saints Daïs et reçu les engagements des prosélytes qui « ont cru au dogme de l'unité de N. S., du dieu Hakem, « le Tout-Puissant, détourne son cœur de cette voie, en « suivant le penchant et l'habitude de son esprit et de son « cœur ; qui contracte alliance avec Iblis le maudit, et dont « les entretiens prouvent qu'il a mangé de l'arbre infernal

(1) Pétis de la Croix, man. fr. 583. IV. 125.

(2) Man. arabe. 1583. pag. 19. Il est ici question de ceux qui ont cessé d'être unitaires.

(3) Pétis de la Croix, man. fr. 582. I. 108.

« nommé *Ghislin* (1) et bu de l'eau brûlante de l'enfer « sans répugnance, sans y avoir été contraint par la vio- « lence, sans avoir été menacé de l'épée ou du feu; sachez « qu'un tel homme a été dans le temps passé l'un des « sectateurs ou des ministres, ne fait que retourner à « son origine corrompue, et qu'il va rejoindre ses compa- « gnons et ses frères (2). »

Au jugement dernier, les unitaires restés coupables demeureront dans un état perpétuel d'assujetissement et de honte.

On voit dans le livre de la transmigration des âmes, que « lorsqu'une femme conçoit, le fœtus est formé dans son « ventre par l'esprit animal pendant neuf mois, mais qu'au « moment de la naissance l'enfant reçoit l'âme raisonnable « de quelqu'un qui vient de mourir à l'instant même (3). »

Voici, du reste, quelle est la croyance des Druses sur la métempsycose :

« Les corps ne reviennent pas après leur mort; les âmes « passent dans d'autres corps (4), dont elles font leur proie. « Une âme unitaire passe à une forme unitaire, et une âme « mécréante à une forme mécréante. L'âme qui passe dans « différents corps est toujours la même, et elle ne diffère « que dans ses formes (5). »

Ce sont des corps humains que ces âmes doivent revêtir, et non ceux des animaux, comme chez les Nesséïris (6).

(1) M. de Biberstein traduit Ghislin par pus. Koran, S. LXIX, v. 36.

(2) De Sacy, Exp. II. 416.

(3) Regnault, 15.

(4) La métempsycose consiste chez les Druses à changer de corps jusqu'au jour où, à la suite du jugement dernier, les unitaires acquerront une sorte d'immortalité pour jouir éternellement des biens qui leur sont promis. Ce n'est donc point d'une renaissance qu'il s'agira, mais d'une transformation finale ou dernière, pour subir la récompense ou la punition. Pythagore, en particulier, avait appris aux Grecs que les âmes passaient de toute éternité d'un corps dans un autre. — Mirabaud. II. 142.

(5) Man. arabe. 1583. pag. 11.

(6) Selon les Manichéens, « les âmes ne font que se purifier un

Moktana menace cependant d'un changement de figure, au jour de la résurrection et de la rétribution, les âmes qui par leurs crimes se seront livrées à la désobéissance et à la révolte, et ces figures seront celles des corps les plus vils (1).

Il dit encore, plus explicitement, que le Seigneur changera leurs figures, et les métamorphosera en singes et en pourceaux (2).

D'après une doctrine plus saine, les actions criminelles ne feraient qu'amener la déchéance des âmes du rang qu'elles avaient occupé, et la punition consisterait dans les abaissements et les difformités de figures.

C'est ainsi que les agréments du visage ou ses imperfections, et les défauts du corps, doivent être considérés comme la suite de récompenses ou de châtiments. Le savoir et l'ignorance en font également partie (3).

Ce traitement n'a pas l'approbation de Hamzé, attendu, dit-il, que la justice doit punir un homme de telle manière qu'il comprenne et sente sa peine, laquelle, lui servant de leçon, doit le mener à la pénitence.

L'unitaire qui ne sera pas exempt de blâme, devra, en effet, subir la privation de ses droits, jusqu'à ce qu'il ait expié ses torts.

« Les âmes parvenues au comble des connaissances spi-« rituelles, et ayant acquis une figure parfaite, par leur « union avec les vérités émanées de l'intelligence, sont

« peu dans le corps humain. Après cela, elles passent dans le « corps d'un chien, d'un chameau ou de quelqu'autre animal. »— Beausobre. I. 245.

(1) De Sacy Exp. II. 429.

(2) M. de Sacy trouve cette doctrine contraire à l'esprit de Hamzé, surtout à la manière dont il a rejeté le dogme des Nesséïris. Il l'attribue à Moktana, qui n'a pu l'emprunter à Platon, son modèle dans d'autres cas, puisque « dans sa Phèdre, où il « établit clairement la métempsycose, il n'envoie point les âmes « dans les corps de bêtes, mais seulement dans des corps hu-« mains, et il marque neuf différents états qui leur sont destinés « selon leurs vertus ou leurs vices. » — Mirabaud. II 53.

(3) Voir Théogonie, note 131.

« séparées de leur corps par la mort, mais ne passent pas « dans de nouveaux corps : elles vont se réunir à l'Imam, « qui est le séjour des lumières; elles se confondent avec « lui en attendant l'instant où il doit paraître plein de « gloire pour exercer son jugement. Alors elles reparaî- « tront avec lui et formeront son cortége (1). »

Ces âmes, ainsi dégagées des liens corporels et réunies à l'Imam, sont nommées *le peuple élevé, le peuple très-haut, les habitants d'Araf, les chevaux d'Araf, les lumières saintes, les mèches de la grande lampe*, etc. (2).

Le dogme de la transmigration des âmes a eu aussi pour base cette parole de l'Evangile : « Elie est venu, et vous ne « l'avez pas connu. » Or, Jean était Elie dans le temps « passé (3).

Nous avons dit que les Druses avaient puisé leur doctrine dans celle des anciens, qui ont cru à la métempsycose, avant que Platon et Zénon eussent ramené la philosophie à la physique et à la morale (4).

Ce qui a été dit du jugement dernier et du sort réservé aux quatre classes de créatures, qui en seront l'objet, est encore un emprunt des Druses : les unitaires fervents et purs, les indifférents, les rénégats et les mécréants ou hérétiques, seront, les uns béatifiés, les autres humiliés, les coupables seront bannis et les criminels anéantis.

Cela prouve que la manie des Druses d'imiter les chrétiens et les musulmans fait seule qu'ils s'entretiennent des

(1) De Sacy, Exp. II. 445. — La moralité de cette croyance est de faire arriver, par l'instruction et la piété, à la perfection, qui est le but de la foi unitaire, et d'annoncer aussi que les âmes de ceux qui l'auront atteint ne seront plus assujeties à la loi générale des migrations; mais qu'en récompense d'une vie pleine d'édification, elles iront rejoindre l'Imam, qui est le réceptacle des lumières, pour y attendre le grand jour du jugement.

(2) De Sacy, Exp II. 446.

(3) Regnault, 17.

(4) Les Egyptiens le croyant ainsi, dit Mirabaud, il n'est pas étonnant « que ce fût le sentiment commun parmi les anciens, « puisque ces peuples passaient pour avoir communiqué les scien- « ces au reste du monde. » — I. 168.

félicités du Paradis et des peines de l'Enfer, car de pareils enseignements ne sauraient s'accorder avec le système annonçant une régénération au lieu, d'une nouvelle vie dans un autre monde, et la possession absolue des biens de la terre à la place de la jouissance éternelle des béatitudes célestes.

Les récompenses qui incombent aux Druses sages ils en jouissent déjà, puisque, selon eux, le Paradis, c'est la vocation qui dirige et qui conduit; ses fruits ne sont autre chose que les sciences divines et véritables par lesquelles les unitaires sont délivrés de l'ignorance et de la maladie de l'association (1).

La science n'est qu'un effet de l'entendement qui s'unit à l'âme noble, laquelle le reçoit. Puis cet effet s'accroît et se purifie jusqu'à ce qu'il devienne une image spirituelle (2).

En faisant remarquer que, dans l'édit publié, lors de la disparition de Hakem, il a été parlé du jour de la résurrection, auquel Dieu ne laissera pas sans récompense ceux qui auront fait le bien, et qu'il y aura des tourments pour les superbes, les opiniâtres, et ceux qui traitent de fable le jugement dernier, je dois répéter que Hamzé n'avait ainsi faussé ses idées qu'à cause des ménagements qu'il devait garder, ce qui l'avait contraint de se conformer aux principes des musulmans.

Comment supposer, en effet, un enfer pour les unitaires, lorsqu'il n'y aura point parmi eux de réprouvés susceptibles d'être punis avec une rigueur extrême? La destruction des corps et des âmes dont il a été parlé, sans qu'on se soit expliqué, sur les moyens qui seraient employés, ne regarde que la généralité des mécréants, tous ennemis de la foi en l'unité.

Nous dirons, au reste, que la *rétribution*, ou plutôt le

(1) Man. fr. 582. II. 248.
(2) Idem.. pag. 255.

jugement dont il s'agit, doit comprendre tous les unitaires présents — et il ne peut y en avoir d'autres — qui seront jugés sur leurs œuvres, conformément au compte qui en a été tenu, depuis la cessation de tout engagement et la fermeture de la porte, et après qu'ils auront vu et reconnu leur acte authentique, puisque l'examen solennel des actions n'aura lieu qu'à l'égard de ceux dont les noms sont inscrits (1).

Les livres druses ne permettent aucun doute sur l'enquête à laquelle donneront lieu les unitaires au jour du jugement; mais attendu qu'on ne peut pas dire pour eux qu'ils ne seront jugés qu'après leur résurrection, il faut croire que les auteurs arabes ont eu l'idée que nous avons supposée, et qui est celle-ci :

Le nombre des âmes ne variant pas, la *réapparition* ne doit s'entendre que dans le sens absolu de la proclamation de la foi unitaire, et le jugement dernier ne comprendra que les créatures existantes et inscrites, les seules qui puissent y avoir droit, et qui seront rétribuées ou punies, selon que leurs âmes auront bien ou mal agi dans leurs diverses transmigrations (2).

Les signes annonçant la fin du monde sont empruntés à la doctrine musulmane, et par une pure imitation, puisque cette terre doit être livrée éternellement aux unitaires.

Le plus important de ces signes sera l'apparition de l'Antéchrist, « lorsque le plus grand des démons s'aban-
« donnera à des actions viles et à des opinions menson-
« gères; lorsque sa perversité, sa corruption, son mau-
« vais naturel se manifesteront; quand ses passions, dont
« il a fait son Dieu et son Imam, seront ignominieusement
« dévoilées; quand son esprit et ses yeux, après avoir

(1) Les autres sont condamnables *à priori*, par le seul fait de leur non adhésion.

(2) Les actions criminelles changent les visages des fidèles, et les font déchoir du rang qu'elles occupaient. — Cela a été déjà dit. — De Sacy, Exp. II. 431.

« connu la vérité, seront livrés à l'aveuglement (1) »

« L'affaiblissement de la foi, et de violentes persécutions « contre les fidèles unitaires, suivant les écrivains druses, « sont encore des signes du retour de Hakem (2). »

« Enfin, l'élévation des chrétiens aux premières digni- « tés sera également une annonce de l'approche de son « avènement (3). »

« Lorsque vous verrez parmi vous, dit Moktana, — et « vous le voyez déjà — la foi devenir très-rare, les hom- « mes pieux accablés d'injures et d'outrages; lorsque la « religion sera, contre ceux qui lui demeureront fidèles, « un sujet de raillerie dans la bouche des hommes nés « d'un commerce impur et illégal, quand on la traitera « comme une rognure d'ongle qu'on jette loin de soi; « lorsque *la terre, toute vaste qu'elle est, sera étroite* (4) « pour les disciples de la vérité, qui ne pourront y trou- « ver un asile sûr, alors vous entendrez bientôt retentir le « cri qui sera le signal de votre perte, ô lie des nations, « reste des adorateurs du veau et des idoles... Suivez telle « voie que bon vous semblera, violez tout ce que la reli- « gion a de plus sacré; car déjà les plumes vous sont re- « tirées... tout est consommé; la parole est interdite; ce « que les prédicateurs divins avaient mis en dépôt (dans « leurs écrits) est accompli (5). »

C'est alors que « les balances seront posées pour l'exa- « men, et que les actions seront jugées, toutes ressources « seront ôtées aux menteurs et toute espérance aux impos-

(1) De Sacy, Exp. I. 226. voir VII, sect. note 15.

(2) Id., id. 229.

(3) Id., id. 230.

(4) Ce passage du Koran (IX. 25) convenait à la secte musulmane, qui aspirait à couvrir le monde de créatures que son système pouvait rendre inombrables, mais l'application n'en peut être rationnelle à l'égard d'une nation limitée, et d'ailleurs invariable, quant au chiffre des sujets qui la composent, car non seulement les Druses ne font pas de prosélytes, mais ils sont persuadés que l'appel de Hamzé les a concernés exclusivement.

(5) De Sacy, Exp. II. 631.

« teurs. Les choses honteuses qui étaient cachées seront « exposées à tous les regards; le Kaïem, le véritable « Messie, rendra à chaque âme le prix dû à ses mérites; « les hommes véridiques recevront la félicité pour prix de « la foi qu'ils auront eue précédemment, et les hommes « qui doutent, les menteurs, se repentiront des calomnies « qu'ils auront inventées contre les fidèles (1). »

Débouchez vos oreilles, ô hommes à l'esprit léger, avant que la miséricorde soit retranchée, les portes fermées, les livres des forfaits des peuples ouverts, le voile découvert, le grand terrificateur arrivé, et avant le troisième et dernier souffle qui doit être fait dans les images (2). »

Ce jour suprême si impatiemment attendu, ce jugement qui fera le bonheur éternel des uns et le malheur sans fin des autres, l'Imam l'annoncera non seulement par son apparition, mais en se découvrant la jambe. « Ce sera « proclamer hautement la doctrine exclusive de Hakem; « c'est-à-dire *reconnaître sa divinité purement et simple-* « *ment*, sans y joindre aucune définition, aucun at- « tribut (3). »

C'est là la dernière connaissance à acquérir, dit Moktana, ne la retranchez pas (4).

Ce sera « le jour auquel tout homme trouvera ce qu'il « aura fait de bonnes œuvres présentes devant lui, ainsi « que les méchantes actions, et il désirera qu'il y ait entre « lui et elles un grand espace (5).

Il deviendra l'indice de l'approche de l'heure, n'en doutez donc pas, dit aussi le Koran, mais suivez-moi, car c'est le droit chemin (6).

Ce sera l'heure où les actes d'engagement qui lient les

(1) De Sacy, Exp. II. 628.
(2) Man. fr. 583. IV. 65.
(3) De Sacy, Exp. I. 118.
(4) Man 1583. Allusion au V. 84° de la XXXI. S. du Koran.
(5) Koran, S. III. v. 28.
(6) Id., XLIII. 61.

unitaires à l'égard du Créateur seront retirés par Hamzé de l'endroit où il les a enfermés, pour cette époque solennelle (1).

Modèle de l'acte d'engagement des Druses contenant leur profession de Foi (2).

Je me confie à notre Maître Hakem, seul, unique, immuable, qui est exempt de copulation (3), et n'est pas soumis aux nombres.

Moi..... fils de....., je déclare, en obligeant ma personne, et j'atteste sur mon âme, étant sain d'esprit et de corps, agissant par pure inspiration, sans être forcé ni contraint, que je renonce aux cultes, religions, croyances ou associations diverses, quels qu'en soient les dogmes mensongers; que je reconnais ne devoir absolument d'obéissance qu'à notre maître Hakem, dont le nom soit révéré, et que ma soumission consiste à l'adorer sans y associer aucune personne passée, présente ou future; que j'ai confié mon âme, mon bien, mon enfant, et généralement tout ce que je possède, à notre maître Hakem (que son nom soit glorifié); que je me soumets à ses décrets, qu'ils soient en ma faveur ou contre moi, sans m'en plaindre ni murmurer d'aucun de ses actes, me fussent-ils favorables ou désavantageux.

Et que si jamais je venais à cesser de pratiquer la religion de notre maître Hakem (que son nom soit glorifié), ainsi que j'y suis engagé sur mon âme, ou à induire quel-

(1) Nous avons dit que c'est pour cet usage que les pyramides de Djyzé ont été construites. Pag. 123, note 4. Voir art. 64 et 65 du catéch.

(2) Je me suis trouvé d'accord pour cette pièce avec d'autres traducteurs, sauf quelques petites différences peu importantes.

(3) Les mots *Menéséh-an-el-Zouadj* donnent lieu aux trois versions suivantes, à cause du sens douteux que les Druses eux-mêmes leur ont trouvé : 1° Qui n'a point été engendré et qui n'engendre pas. Venture. — 2° Exempt de tout nombre. Pétis de la Croix. — 3° Qui ne fait partie d'aucun couple, et qui ne convient à aucun nombre. De Sacy.

qu'un à la quitter, ou enfin à manquer moi-même à l'un de ses préceptes, je consens à être réprouvé du Dieu adoré, et privé des faveurs de ses grands prêtres, en méritant en même temps le châtiment du Créateur très-haut et glorifié.

Celui qui atteste qu'il n'est point au ciel de Dieu adoré, et qu'il n'existe sur la terre d'autre Pontife que notre Seigneur Hakem (que son nom soit révéré), est du nombre des unitaires heureux.

Ecrit.... mois de..... année du règne de l'esclave de notre Maître (que son nom soit révéré), son affranchi Hamzé, fils d'Ali, fils d'Ahmet, le guide des solliciteurs et le vengeur des infidèles avec le glaive de N. S. (que son nom soit vénéré), et sa gloire augmentée à jamais.

Je ne puis terminer cette section sans une petite dissertation sur le culte du veau attribué à la généralité des Druses, et qui n'est imputable qu'à une faible partie d'entre eux.

Dans la description déjà ancienne du musée du cardinal Borgia, par Adler, l'adoration imputée aux Druses d'une figure représentant un veau, ne paraît pas avoir soulevé de sérieuses contradictions, et cela est dû, sans doute, à la seule raison que dans une discussion, à laquelle peu de personnes prennent part, celui qui avance ce qu'il croit mieux savoir que les autres reste maître de la question jusqu'à ce qu'on s'en occupe nouvellement.

Les arguments d'Adler avaient, à la vérité, cela de spécieux : ils étaient accompagnés de beaucoup de vraisemblance, et ils s'appuyaient sur une figure que paraissaient authentiquer les caractères arabes qu'elle portait.

Mais fallait-il conclure pour cela *à priori* que les Druses adorent tous le veau, lorsque celui qui l'affirmait de son cabinet, d'après des auteurs induits à admettre ce fait sur la foi les uns des autres (1), ne s'était pas donné la peine d'examiner particulièrement ce grave sujet?

On n'en resta pas moins irrévocablement attaché à l'opinion qu'il en avait émise.

M. de Sacy fut cependant d'avis que l'adoration du veau tirait son origine du culte rendu au veau d'or par le peuple d'Israël (2).

Il nous dit également que le culte du veau et du buffle eut un antécédant parmi les Arabes (3), puisque chez les *Binns*, trois de leurs tribus retournèrent à cette idolâtrie (4)

C'était donc en faisant allusion à ces apostasies, que cette phrase : Boire le veau, fut consacrée, et qu'on l'adopta ensuite à l'égard de Darazi (5).

(1) M. de Hammer, en disant : « Le culte du veau a existé dans « les derniers temps chez les Druses ou chez les Nesséïris, » et ajoutant : « C'est une chose attestée par les documents écrits « et par des monuments. » fait probablement allusion à ce qu'en « ont publié Adler et de Sacy. — Pag. 12.

(2) Mém. de l'Instit. III. 78.
Des voyageurs ont decouvert le moule dans lequel a été coulé sinon le veau, du moins sa tête. Il se compose de deux pierres rapprochées l'une de l'autre, et présentant une cavité intermédiaire. C'est dans la base de l'Horeb qu'il a été rencontré. M. de Tesson, à qui j'emprunte cette particularité, n'est pas, au reste, très-persuadé de la chose, mais il cite ses devanciers, qui ont trouvé du naturel dans cette empreinte.— Pag. 190.

(3) Le Koran en fait mention dans les Surates : II. versets 48, 51, 86, 87 ; IV 152, VII. 146, 147, 151, et XX 90.
D'après le Koran, le veau fut l'œuvre d'un Samaritain. et il employa à sa fonte les bracelets et autres ornements d'or enlevés par les juifs aux Egytiens Sa vertu de mugir est attribuée à de la poussière ramassée sur les traces du cheval de l'ange Gabriel, et jetée par ce même Samaritain dans la gueule du veau ; mais des commentateurs veulent que le fondeur ait ménagé des cavités auxquelles le vent faisait rendre un bruit semblable au mugissement. — De Birbestein, pag. 131. note 1 et 253 notes 1, 2 et 3, édit. de 1859.
Archélaus, évêque de Cascar, partage l'opinion des Juifs en soutenant que ce furent des prosélytes égyptiens qui fondirent le veau d'or. — Beausobre, I 119.

(4) Man. de la Bibliothèque Imp. I. 881.

(5) Le texte suivant est trop explicite pour permettre aucun doute : « Le veau est le rival du lieutenant du siècle, qui est le « chef, le supérieur de tous les ministre.... ; ce rival est nommé

D'un autre côté, les livres druses annonçaient cette croyance comme le reste d'un ancien culte autant réprouvé que celui des idoles.

M. de Sacy a, en même temps, reconnu — et c'était aussi l'avis de Venture — que les altérations introduites dès les premiers temps par des novateurs, avaient jeté de profondes racines dans une partie de la nation Druse, laquelle mettait un égal soin à dérober la figure du veau à la vue du public que ses livres sacrés (1).

Il dit encore qu'un envoyé de Moktana étant de mœurs dissolues, s'empressa de se joindre aux hommes grossiers qui lui appartenaient, et qu'ayant « embrassé le même « avis, tous unis d'un même accord, dans leur désobéis- « sance, ils sont convenus de tailler de leurs propres « mains une idole pour l'adorer, et se faire, conformément « à leurs folles passions, un *veau corporel qui mugit* (2), « pour séduire par là ceux qui embrasseront leur impiété, « et pour les égarer (3). »

Nous voyons, d'autre part, que dans les préceptes des Druses, « il n'y en avait pas d'onéreux à la conscience, « comme dans les lois mensongères, ni d'adoration du « veau, ni du buffle, ni de monastères, de grimaces, ni « d'association d'incubes (4). »

Ainsi, loin d'être absolues, les règles unitaires consacraient le libre arbitre.

Si les ordres d'agir, ou de s'abstenir, dit un auteur druse, étaient obligatoires, nul ne devant les ignorer, tous s'y soumettraient forcément; mais la faculté de la préférence serait détruite par cela, et cette destruction entraînerait celle du dogme de la récompense, du châtiment et

« veau, parce qu'il est dépourvu d'intelligence et pétulant dans ses actions. » — De Sacy. Exp. II 184.

(1) Man. fr. 581. III. 75.

(2) Koran S. XX. verset 90.

(3) De Sacy, *Exp*. II. 354.

(4) Pétis de la Croix, man. fr. 582. I. 157.

le prestige des liens sociaux et religieux, en laissant le monde abandonné à lui-même.... ce qui est très-éloigné de la pensée de Dieu (1).

« Son ordre, dit un autre écrit, est remis au franc arbi-
« tre, et ses défenses ne sont que des avertissements de se
« garder du mal, afin que la justice soit établie par la
« spontanéité de la créature, et que la récompense et le
« châtiment aient lieu comme promis et certains au jour
« du jugement (2). »

Chez le petit nombre de ceux qui étaient adonnés au culte du veau, l'admission des hommes n'avait lieu qu'à quarante ans, et celle des femmes à cinquante, à cause du peu de confiance dont on a dû les croire dignes pour la garde des secrets.

Quant à l'opinion des voyageurs, les plus véridiques, elle est, généralement, que les Maronites, qui sont en rapports continuels avec les Druses, ne les accusent pas d'adorer le veau, déclarant, au contraire, gratuite l'injure que les musulmans leur font à ce sujet.

Le veau, dans les livres druses, est l'ennemi du législateur; il est ainsi nommé *parce qu'il a manqué de jugement et de conduite; qu'il a bélé au lieu de savoir parler*, en voulant se comparer au causateur des causes, qui n'a point de pareil, ni de semblable; il n'est qu'une chimère, un fantôme (3). Or, cela se rapporte à Darazi, et il n'est pas permis d'en douter.

Le veau étant chez les Druses le rival on l'ennemi du Seigneur, comment peut-il être un objet d'adoration pour eux? (4)

Hamzé, depuis qu'il eut à se plaindre de Darazi, le dé-

(1) Epitre des séances de la miséricorde.

(2) Man. arabe. 1583. pag. 18.

(3) Dans le texte reproduit par M. de Sacy, la dernière phrase est ainsi composée : « Il ressemble au chef du siècle, mais non « d'une ressemblance véritable et réelle. » — Hist. et mém., III. 72.

(4) C'est-à-dire pour les Druses purs

signe dans ses écrits, par les noms d'Iblis, de veau et même de porc; ce qui ferait penser que les sectateurs particuliers que ce missionnaire s'était attirés, en leur octroyant une doctrine analogue à leurs mœurs relâchées, finirent par adopter pour emblême de leur croyance, ce même veau dont on qualifiait injurieusement son fondateur.

En effet, dans les reproches que Hamzé adresse aux sectateurs de Darazi, il leur dit : « Vous avez méconnu la « divinité de notre Seigneur et sa grandeur, et vous lui « avez assimilé Pharaon (1) et Haman, un veau et « Satan (2). »

Moktana, en parlant de Hamzé, le nomme le Messie de tous les âges, qui détruit les édifices de toutes les lois et abroge toutes les religions, qui « met à mort Iblis et « Satan, qui fait périr le veau et le mauvais génie; qui « tire une vengeance des disciples de l'incrédulité et de « l'erreur; qui anéantit les hommes désobéissants et « rebelles (3). »

Dans un autre endroit de ce mémoire, on trouve que la « prétendue idole des Druses, au lieu d'être l'objet de leur « culte, était, au contraire, l'emblême d'Iblis, de Satan, « de l'ennemi de Hakem, ou plutôt de l'ennemi et du rival « de Hamzé (4). »

« Vous avez ouï, » est-il dit dans l'épitre intitulée : *le But et le Conseil*, « qu'il est un châtiment réservé à ceux « qui associent à l'empire du législateur Pharaon, Haman, « le veau et le démon, et qu'anathême, mille fois anathême est prononcé contre les perfides déserteurs de son « culte (5). »

Boire le veau, c'est devenir incrédule, selon les livres

(1) C'est le nom de Berdai, compagnon de Darazi.

(2) De Sacy, Hist. et mém. III. 92.

(3) Id., id.

(4) Id., id. 91.

(5) Ve ture, man. 122. pag. 132.

druses, et les adorateurs du veau seront traités avec la dernière rigueur au jour de la résurrection.

Ces mêmes livres contiennent les phrases suivantes : « Les hommes s'éloignant de la vérité tombent dans les « profondes ténèbres de l'ignorance, et par leur opiniâ- « treté, résistant à la vérité, ils se précipitent dans la nuit « obscure de l'erreur. Leurs œuvres corrompues les re- « tiennent pour toujours attachés au culte des veaux et « des buffles (1). »

« Le lieutenant qui a reçu la commission pour éteindre « les flammes de l'incendie, des lois cérémonielles, qui « s'élève pour détruire ce qui avait été construit par Ha- « man et pour immoler Iblis, anéantira les mugissements « du veau et du tyran superbe (2). »

Le veau et le buffle sont aussi employés comme emblêmes des fausses religions, et spécialement de celles qui reconnaissent pour auteurs Mahomet et Ali, c'est-à-dire le mahométisme littéral et le mahométisme allégorique, ou la doctrine des Ismaélites (3).

C'est ainsi, qu'à l'occasion des lois somptuaires établies par Hakem, « les juifs furent assujettis à porter à leur cou « des billots de bois en forme de pelote, pour représenter « la tête du veau qu'ils avaient adoré dans le désert (4). »

Pour celui, dit Hamzé, qui tient aux observances légales, c'est-à-dire à ce qu'ont enseigné le *veau* et le *bffle*, il ne retirera de sa religion que des ordures.... il perdra son esprit, son âme et ses sens (5).

Toutes ces expressions sont donc employées pour désigner les doctrines ennemies de la religion unitaire, et M de Sacy, après avoir reconnu que « c'est une vérité sur

(1) Pétis de la Croix, man. fr. 582. I. 683.
(2) De Sacy, Hist et mém. III. 92.
(3) Id., id.
(4) De Sacy, Exp., CCCIX, note 1
(5) De Sacy, Mém.. III. 92.

« laquelle il serait inutile d'insister plus longuement (1), » a ajouté :

« Il semble, d'après cela, comme l'a observé M. Ven-« ture, difficile de *croire* que les Druses, qui reconnais-« sent indubitablement les livres de Hamzé et de Béhaed-« din pour leurs livres sacrés, et le fondement de leur « croyance, *adorent* Hakem sous la figure d'un veau (2). »

Mais cette adhésion à l'opinion de Venture ne l'arrête pas davantage que tout ce que sa raison l'avait, jusque-là, porté à croire exact, et il en fait l'aveu en ces termes :

« La chose cependant ne peut être révoquée en doute ; « car voici ce qu'on lit dans un écrit daté de la 9e année de Hamzé, qui fait certainement partie du recueil des Druses, « et se trouve dans le manuscrit 1583 de la Bibliothèque « impériale (3). »

« Notre Seigneur, dans les assemblées de la miséri-« corde, nous a montré un coffre d'argent dans lequel il y « avait une figure en or (4) qui était l'emblème de son « humanité, après sa disparition, afin que nous nous « prosternions devant sa majesté, sa grandeur, et la subli-« mité de sa nature, qui n'a rien de commun avec celle de « de ses créatures, et que nous autres unitaires nous « soyons ses défenseurs (5). »

Pétis de la Croix avait traduit ce passage sans y trouver le même sens, ainsi que le prouve l'interprétation que voici (6) :

(1) Hist. et mém. III. 96.
(2) Id., id.
(3) Il est à remarquer que l'écrit auquel M. de Sacy paraît se rapporter, est précisément celui, classé sous le n° 69 du Recueil, qu'il soupçonnait être l'ouvrage d'un des imposteurs qui, du temps de Moktana, altérèrent la doctrine unitaire et y introduisirent des doctrines immorales et *le culte du veau*. — Exposé, CCCCXCV.
(4) Il n'est pas permis que l'image de l'humanité de notre Maître soit d'autre matière que d'or ou d'argent — Epit. des Miséricordes, man. fr 1583, pag. 13.
(5) De Sacy. Hist. et mém. III 92.
(6) Je la confirme entièrement, en faisant seulement observer que dans le manuscrit arabe le mot humanité est d'abord écrit

« Dans les séances appelées *de la miséricorde*, il nous « a montré un coffre d'argent dans lequel se trouvait une « figure d'or qui est l'effigie de son humanité, après qu'il « s'est rendu invisible, pour que nous puissions nous pros- « terner devant sa majesté et sa grandeur, et qu'en le « séparant de toutes ses créatures, nous soyons ses coad- « juteurs unitaires (1). »

Toutefois, ce changement complet de l'opinion de M. de Sacy paraît s'être effacé de son souvenir puisque, dans un dernier ouvrage écrit à vingt années d'intervalle, il se range de nouveau à l'avis de Venture, en citant ce qu'il a rapporté dans son mémoire à l'Académie, comme preuve que la prétendue idole des Druses est le symbole de l'ennemi de Hakem, et par un oubli aussi inconcevable que le premier, il revient à dire, à la fin du même ouvrage, que les Druses adorent *aujourd'hui*, dans leurs réunions, la figure d'un veau, et qu'ils la tiennent cachée avec le plus grand soin (2).

Cette assertion est, du reste, si peu d'accord avec tout ce qui a été rapporté, ce qu'ont écrit les voyageurs qui ont visité la Syrie, et ce que nous y avons appris nous-mêmes pendant un long séjour, que ce serait le cas de clore la discussion sur ce point.

Je dirai, néanmoins, que si le changement d'opinion de M. de Sacy a été causé par l'exhibition du coffre de Hakem, on serait en droit de demander — en admettant toutefois l'authenticité irréfragable de l'épitre en question — qu'on nous démontrât que la figure en or qu'il renfermait était celle d'un veau.

ainsi : *nessaoute-i*, et puis *nassout*. Or. l'autre orthographe étant condamnée par la grammaire, nous devons l'attribuer à une erreur du copiste, car si nous l'admettions comme une locution particulière aux Druses, nous serions bien embarrassés d'en donner l'explication.

(1) Man. arabe. 1583. pag. 12.

(2) Exp. II. 629 note 2. La chose est d'autant plus surprenante, que la page 128 du même volume annonce qu'il n'y avait dans la loi primitive ni culte des veaux et des buffles, etc.

Remarquons à ce sujet : premièrement, que M. de Sacy, après avoir qualifié le culte du veau d'innovation, s'est fondé sur l'épitre des *Mystères et des conversations de la miséricorde*, etc., pour l'admettre comme un dogme fondamental, lorsque cet écrit est précisément celui qu'il croit être l'œuvre d'un imposteur qui a introduit le culte du veau (1) ; secondement, que si, selon la même épitre, cette figure représente l'image de l'humanité de Hakem, après sa retraite, on ne peut pas en induire que ce soit celle du veau, l'affirmation ne reposant que sur des bruits populaires rapportés par des voyageurs peu sérieux, ou provenant d'accusations dont une fraction de la secte druse devrait être seulement l'objet (2).

On ne concevrait pas que Hakem, voulant se symboliser dans une figure animale, ait choisi précisément celle que sa secte couvrait de plus de ridicule et d'anathème, comme étant un emblème réprouvé.

Il est, d'ailleurs, très-probable que l'invention de cette allégorie ne lui ait pas été imputée; mais la supposition qu'elle appartient aux fondateurs de sa religion serait d'autant moins raisonnable, qu'on ne s'expliquerait point quel aurait été leur but en l'adoptant; car Hamzé et Moktana n'étaient pas capables de commettre une faute aussi grossière sans un motif qui la fit excuser.

Je rappellerai à cette occasion que les jésuites, qui étaient en Syrie depuis le commencement du 17e siècle, rapportent dans leurs mémoires que les Druses possèdent la statue de leur législateur.... et que « lorsqu'ils lui adressent leurs « vœux, pour en obtenir ce qu'ils souhaitent, ils s'ima-

(1) Cette remarque a déjà figuré à l'avant-dernière page, note 3. Cette épitre ne diffère de celle citée que par la traduction du titre.

(2) M. Eichorn croit que c'est à cette figure, et à la boîte qui la renfermait, que fait allusion le passage du Catéchisme où il est dit : qu'on découvre le secret caché, qui est *Hamzé*, et qu'on tenait renfermé. — De Sacy, Hist. et mém. III. 78.

« ginent parler à Dieu même, tant est grande leur vénération pour cette idole (1). »

Je ne pense pas, qu'après cela, on eût négligé d'ajouter que cette figure était celle d'un quadrupède, si les auteurs des Mémoires l'avaient entendu dire, et s'ils eussent, en outre, été portés à admettre cette insigne absurdité.

Voici une dernière preuve de la réprobation du culte du veau par les Druses, tirée de l'épitre des *Séances de la sagesse.*

« Ne soyez pas menteurs, ni du nombre de ceux qui « disent : *nous obéissons volontiers à ce qu'on nous a ordonné*, et qui cependant boivent le veau dans leur « cœur (2) par leur infidélité ; car le veau est l'ennemi du « législateur du monde, auquel il se compare faussement « et sans aucune preuve (3). »

Parmi les personnes dont le témoignage est d'un grand poids, il nous reste à mentionner *Nasrallah Eben Gildé*, médecin grec de Damas, qui, ayant fait don, en 1700, de trois livres druses au roi Louis XIV, raconta lui-même comment il était parvenu à les posséder. Il les dut à l'indifférence des musulmans pour tout ce qui ne traite pas de leur religion.

Je me bornerai à un simple extrait :

« A la suite d'une guerre faite par le sultan aux Druses, « et où Nasrallah avait suivi le gouverneur, qu'il servait, « dans une expédition contre le Liban, ce pacha se rendit « maître de la Montagne.... A Baâklin, où les docteurs « druses avaient coutume de s'assembler, on découvrit « une grotte fort spacieuse, tendue de tapis, dans laquelle « était un coffre de cuivre jaune. Les Ottomans l'ayant « rompu, ils y trouvèrent la figure d'un homme en argent

(1) Mémoires des Missions, VI. 224.

(2) Koran Sur. II. v. 87.

(3) Cela a incontestablement rapport à Darazi.

« avec une couronne d'or sur la tête. Il était assis sur un « trône en argent (1). »

Cette déclaration est ainsi, de tout point, conforme au texte de l'épitre des *Miséricordes*, en ce que le coffre contenait une figure d'argent (2), et que c'était l'effigie de l'*humanité* de Hakem, selon la croyance commune à la généralité des peuples, que l'homme, par son image, est semblable au Créateur.

Cette même épitre contient de plus les passages suivants, dont les explications nous paraissent péremptoires :

« Il s'est fait nommer Hakem, parce qu'il est le pre- « mier qui soit venu au monde sous la figure royale et « humaine.... d'autant plus que ses serviteurs sont inca- « pables de regarder l'unité de leur Créateur autrement « que d'après leur portée et dans leur figure humaine. La « prudence voulait qu'il prît un nom comme le leur... Par « ce moyen, le Créateur s'est trouvé présent parmi ses « créatures ; il est venu se montrer à elles suivant la ca- « pacité de leurs vues, et comme il convenait en sa figure, « attendu qu'il n'est pas un dieu du néant (3). »

Mais si tout cela est insuffisant pour constater que les traits sous lesquels Hakem apparut étaient humains, il ne

(1) Pétis de la Croix. Man fr. 582.

(2) Elle ne peut être que d'or ou d'argent. Nous l'avons déjà dit.

(3) Man. arabe. 1583. pag. 8.

Il ne sera pas hors de propos de répéter ce que nous avons dit dans la vie de Hakem, page 61.

« L'apparition sous une forme humaine avait pour but de prou- « ver qu'il fallait qu'il y eut un auteur apparent de toutes choses, « pour que le genre humain reçût les ordres et les instructions « d'une figure semblable à la sienne, et que cela devînt un moyen « de se confronter et de se familiariser.

« S'il eût exigé qu'on *l'adorat*, en restant caché derrière un « voile, sans avoir fourni cette preuve d'homogénéité et ce moyen « de comparaison, où aurait été la justice?

« Hakem prit d'ailleurs cette forme, parce que son peuple « n'aurait pu souffrir la vue de sa divinité. »

Il s'y trouve aussi cette phrase :

« Nous disons qu'il s'est caché sous une figure parlante, savante « et pure, qui est celle d'un de ses élus. Pag. 71. »

restera aucun doute à cet égard, après les deux raisonnements que voici :

.... Lorsqu'on regarde avec l'œil de la nature, on le prend d'abord pour une figure semblable à la nôtre ; mais si l'on s'en approche avec l'œil de la science, on ne trouve plus que ce soit une figure, mais on trouve Dieu à sa place. Ainsi est la dignité de notre Maître (1).

On peut aussi comparer cette figure extérieure à un homme se mirant dans une glace. Il y voit la répétition de son image, sans comprendre ce que c'est, et s'il veut toucher le miroir, il touche sa figure, et s'il y fait quelque changement, cela paraît aussitôt se changer dans le miroir (2).

Quant à la statuette du musée Borgia, qu'on a prétendu être une preuve concluante, sa matière suffirait seule pour la faire rejeter, comme une idole druse, puisqu'elle est en *cuivre*, Adler ne lui ayant donné le nom d'*auripeau* que pour baser ses raisonnements sur une apparence d'identité avec la prescription religieuse (3).

D'après tout ce qui vient d'être exposé, je serais, ce me semble, autorisé à conclure : 1° que s'il est parmi les Druses une secte qui adore le veau, étant peu nombreuse, elle échappe à l'investigation de l'autorité comme à celle du public (4).

(1) Man. fr. 582. II. 216.
(2) Id., id.
(3) Voir la note 2 de la dernière page.
(4) Lors de l'invasion des pays druses, par les troupes de Dgezzar-Pacha, on trouva, dit-on, de petites figures de veaux en ivoire et en cuivre, et cela fit croire que les Libanais avaient importé d'Egypte ce reste du culte du bœuf Apis ou du veau des Israélites ; car il est certain que les livres des Druses ne font mention de ces figures que pour les reprouver. Aussi ne saurait-on expliquer, je le répète, comment ils adoreraient cet animal, dont ils mangent la chair, se servant également de sa peau pour leurs chaussures.

Je ne garantirais donc pas l'opinion que je trouve, dans un petit écrit arabe, que dans leurs cérémonies nocturnes les Aqqels se servent de ces veaux, qui sont creux, pour les remplir de raisins secs et les donner aux Aqqelés comme une espèce de communion.

Ils invitent à présenter la main reconverte d'un mouchoir sous

2° Que la statuette décrite par Adler appartient évidemment aux tribus arabes, qui ont dû la recevoir des habitants de Dan et de Bethel, si peu éloignés d'eux, auxquels Jéroboam avait donné le veau d'or; ces Arabes pouvant avoir conservé ce culte à la faveur de l'isolement qui a constamment protégé leurs mœurs privées.

Il serait, toutefois, possible qu'on voulut trouver dans cette figure la trace d'une importation Mardaïte dans les montagnes du Liban, le veau étant représenté dans un monument de Mithra, objet de leur adoration (1).

3° Que des caractères et des chiffres semblables à ceux de la statuette se trouvent sur des amulettes, des coupes et d'autres objets arabes.

4° Que les réflexions d'Adler au sujet de l'emploi du genre d'écriture appelé *siaké* sont vraies, comme étant une espèce de sténographie et en même temps de cryptographie à l'usage de certaines administrations, mais que cela leur ôtait précisément le mérite d'appartenir exclusivement aux Druses.

Nous rappellerons enfin ce qui a été dit du retranchement, par l'ordre de Hamzé, des mots barbares du style religieux, pour donner plus de clarté et de certitude à la langue dont on se servait, et faire voir plus d'éloquence dans tout ce qui a rapport à l'unité de Dieu, autant que pour obtenir le pardon d'avoir caché la vraie religion pendant un long temps (2).

Comment admettre dès lors qu'à l'égard du veau, que ses adorateurs devaient tenir caché, plus que leurs livres sacrés, ils aient adopté des chiffres obscurs ou occultes?

le museau du veau, et, avec une cheville en fer, ils font tomber les raisins, un à un, dans la main de l'Aqqelé, qui doit les retirer directement avec la bouche, sans les toucher avec l'autre main

L'invitation de l'Aqqel est faite en ces termes : « Etends ton « mouchoir, pour que je te donne ta foi. » Les raisins ainsi sortis du corps du veau sont réputés sanctifiés.

(1) J. de Hammer. — Mém. etc. pag, 12.

(2) Man. arabe. 1583. pag. 23.

Cela implique doublement contradiction, puisque les unitaires voulaient que les objets de leur croyance fussent parmi eux entourés du plus de clarté possible.

Les Arabes ont conservé la foi de leurs ancêtres pour la science des signes et des nombres, auxquels ils attribuent toujours beaucoup de vertus. Leurs savants de l'ordre religieux composent encore avec des figures, des chiffres et des caractères du genre de ceux de la statuette Adler, des talismans merveilleux auxquels la crédulité des peuples, et souvent aussi des effets de pur hasard viennent donner un crédit surnaturel : de là la continuité du prestige !

Les Druses sont assez superstitieux, pour ressembler parfaitement aux Arabes sous ce rapport (1), parce que la superstition ne vit que d'illusions, s'inspirant constamment d'agréables préoccupations.

L'à-propos m'engage à faire une digression en publiant la traduction d'un billet talismanique trouvé dans le bonnet d'un bédouin tué en Algérie, et rapporté comme une curiosité d'autant plus grande, que la traduction en avait été impossible. L'écrit présentait la difficulté insurmontable, pour quiconque ne s'attacherait pas à le deviner, de l'entière absence des signes ortographiques déterminant leur signification.

Je m'en chargeai ; et ce fut au moyen de la concordance du Koran, par M. Flügel, qu'après avoir déchiffré quelques expressions, à la faveur de leur *configuration*, je trouvai à classer les diverses parties de cet écrit.

ENVELOPPE.

Ce talisman béni, digne de figurer parmi les trésors des rois, sert contre toutes les espèces de poisons ; il réunit une foule d'avantages constatés par l'expérience. On l'emploie

(1) On trouve des modèles de ces combinaisons talismaniques dans l'ouvrage de M. Reinaud sur les Monuments arabes, persans et turcs du cabinet du duc de Blacas. Paris, 1828. 2 vol.

utilement contre les piqûres de serpents et de scorpions, contre la morsure des chiens enragés, contre la fièvre, les douleurs de l'enfantement, le mauvais lait des nourrices, les douleurs d'entrailles, les coliques, la migraine, les blessures, les sortiléges et la dyssenterie.

TEXTE.

Au nom de Dieu clément et miséricordieux, louange à Dieu, maître de l'univers, le clément, le miséricordieux, souverain au jour de la rétribution.

C'est toi que nous adorons, c'est toi dont nous implorons le secours.

Dirige-nous dans le sentier droit,

Dans le sentier de ceux que tu as comblés de tes bienfaits,

Non pas de ceux qui ont encouru ta colère, ni de ceux qui s'égarent. — Koran, S. I.

Pensiez-vous que nous vous avions créés en vain, et que vous ne reparaîtriez plus devant nous? Qu'il soit élevé, ce Dieu, véritable roi; il n'y a point d'autre Dieu que lui. Il est le maître du trône glorieux. Celui qui invoque d'autres dieux à côté de Dieu, sans apporter quelque preuve à *l'appui de ce culte*, celui-là aura son compte auprès de Dieu, et Dieu ne fera point prospérer les infidèles.— S. XXIII. v. 117.

Dis : Seigneur, efface mes péchés et aie pitié de moi, tu es le plus miséricordieux. — Id. 118.

..... Demande-leur : Est-ce Dieu qui vous l'a commandé, ou bien le mettrez-vous mensongèrement sur son compte? — S. X. v. 60.

.... O Moïse! les grands délibèrent pour te faire mourir. Quitte la ville, je te le conseille en ami. — S. XXVIII. v. 19.

Cet écrit, d'ailleurs accompagné de figures, de lettres et de nombres cabalistiques et intraduisibles, a dû avoir eu un but politique, le dernier verset cité commençant dans le Koran par : « Un homme accouru de l'extrémité de la ville lui dit : »

IVe SECTION

CULTE (1), MŒURS, ÉTAT POLITIQUE.

A cette demande, quelles sont les cérémonies religieuses pratiquées par les Druses ? on pourrait répondre : ostensiblement, ils n'en remplissent aucune, car c'est à peine si l'on a pu connaître, bien sommairement sans doute et peut-être aussi d'une manière purement hypothétique, l'ordre qu'ils observent dans leurs réunions clandestines.

Nous avons vu que Hakem avait aboli : prière, jeûne, sacrifice, pèlerinage, en un mot tous les préceptes musulmans, au nombre de sept, pour les remplacer par autant d'obligations, dont l'observation est uniquement morale, puisqu'elle n'impose l'accomplissement d'aucun acte, en dehors de l'exercice de la fraternité.

C'est par suite d'un pareil dégagement de tout devoir, que la dissimulation est facile chez les Druses ; aussi, ont-ils pour principe de se montrer sympathiques aux religions dominantes, étant même autorisés à en suivre, dans l'occasion, les pratiques extérieures (2). C'est à cette fin que

(1) Je ne ferai qu'effleurer les questions se rattachant aux croyances des Druses, que j'ai traitées longuement dans la Théogonie, et qui se trouvent développées dans le Catéchisme, auquel j'ai ajouté le plus d'explications que j'ai pu.

(2) Voir Catéchisme, questions 90 et 91. Cette prétendue sympathie a dû avoir pour mobile un pur intérêt de préservation au début de la secte unitaire.

les unitaires apprennent la double *déclaration* musulmane (1) et un grand nombre de versets du Koran, de même que divers exercices de piété, pour paraître mahométans lorsqu'ils vont à Damas ou dans toute autre ville. Ils observent aussi le jeûne du Ramadan, si leur visite a lieu pendant ce mois.

A l'égard des chrétiens, ils leur empruntent plusieurs noms, et ils s'appliquent de nombreux passages de nos livres saints, comme ils font du Koran, pour mieux fonder la ressemblance dont ils se prévalent, quoique les doctrines chrétiennes et mahométanes ne leur conviennent qu'au moyen de retranchements, ou d'interpolations, qu'ils leur font subir, ainsi que nous l'avons déjà annoncé (2).

La liberté donnée aux unitaires d'abonder dans les principes religieux dominants se reconnaissait, chez ceux qui en profitaient, à la manière dont ils portaient leur anneau, qui indiquait : à la main droite, la secte d'Ali, et à celle de gauche, les Sunnites (3). On voit que cette liberté avait pour but de préserver leurs propros mystères de toute atteinte, puisqu'elle les dispensait d'afficher leur qualité de Druses.

(1) Elle consiste à dire . n'y a d'autre Dieu que Dieu, et Mahomet est son prophète.

(2) Nous revenons sur ce sujet pour dire que le passage suivant d'un écrit de Moktana étant entièrement opposé à cette doctrine, il faut en conclure que les unitaires ne durent garder des ménagements qu'à mesure que leur autorité déclinait dans le monde.

« Reconnaissez que l'émir des fidèles vous a établis dans une « situation où vous pouvez agir selon votre choix, pour ce qui « concerne vos opinions; il vous a débarrassés de la peine de « vous cacher et d'agir en secret, en sorte que chacun de vous « agisse dorénavant sincèrement et conformément à sa croyance, « et ne puisse alléguer aucun prétexte, ni aucun obstacle pour « se dispenser de se conduire d'une manière conforme à l'opinion « à laquelle il est attaché et à la religion qu'il a adoptée. ..» — De Sacy, Exp. II. 476.

(3) De Sacy, Exp. I. 156.
Un passage de Chardin me fait reconnaître que la feinte des Druses est d'origine persane, les sectateurs d'Ali étant autorisés par leur théologie à dissimuler lorsqu'il y a risque de la vie. — T. VII. 199.

Une ordonnance fit plus tard connaître — sans doute lorsque les partis Sunnite et Schiite furent moins prépondérants — que ces pratiques étaient indifférentes au Seigneur, qui n'attachait pas plus d'intérêt au sens intérieur qu'à celui extérieur.

Il convient de dire, à ce sujet, que la liberté laissée aux unitaires de s'identifier avec toute croyance en crédit — démonstration d'ailleurs de pure apparence — ne fut donnée qu'après que la faculté eût été laissée aux hommes de choisir l'objet de leur culte, parce que de cette manière, ces sectateurs prouvaient que s'ils adhéraient à la foi de l'unité, c'était par obéissance à l'ordre du très-sage et digne de louange, autant que par conviction, puisqu'ils avaient l'option d'une autre détermination si cela leur convenait (1).

Les Druses, qui n'ont aucune fête, célèbrent cependant celles des musulmans. C'est également pour leur ressembler que, dans des cas forcés, ils font circoncire leurs enfants (2).

Ils apprennent pareillement quelques prières des chrétiens, et connaissent leurs cérémonies religieuses, qu'ils louent en leur présence, fréquentant, eux et leurs femmes, les églises, pour montrer qu'ils se rapprochent de leurs dogmes (3); mais ils se jouent, en réalité, je le répète, de toutes les religions, selon que leur intérêt les y engage ; la règle fondamentale de leur conduite étant de se permettre tout ce qui peut rester caché, et de s'abstenir de ce qui est de nature à être découvert. On assure que c'est

(1) Man. arabe. 1583. pag. 19.

(2) C'est sans doute ce qui a fait dire à l'abbé Mariti que la circoncision est pratiquée par une partie des Druses. On trouvera à la fin de cette section l'indication d'une autre erreur de cet auteur à l'égard de ce peuple.

(3) « Ce qui est entièrement contraire à la loi mahométane, « c'est le culte qu'ils rendent aux images des saints chrétiens, « placés quelquefois dans leurs maisons. » — Mariti. Voyage, II. 24.

pour ce motif que leurs maisons ou leurs chambres ont deux portes (1).

Il est, en conséquence, défendu de lire aux femmes, dans leurs domiciles, l'épitre qui leur est adressée, surtout lorsqu'elles y sont seules.

Cette lecture peut toutefois avoir lieu dans une réunion d'au moins trois personnes (2). Le lecteur, missionnaire ou licencié, devant, en pareil cas, s'assurer à l'avance de leur croyance, et recevoir d'elles leur profession de foi (3).

La secte religieuse des Druses se compose d'Aqqels (sages) (4) et de Djahels (illettrés, mondains). L'Aqqel est successivement *commencant*, avancé, supérieur. Arrivé à ce dernier grade, il prend le nom de cheiks des Aqqels (5) et aspire à la charge de Chef de la loi. Le nombre des Aqqels est à l'égard des Djahels dans la proportion de un sur vingt.

Pockocke a remarqué, avec beaucoup de justesse, « qu'ils « ressemblent plutôt à des philosophes qu'à des chefs de « religion, dans une communauté d'hommes qui n'en

(1) La remarque faite sur quelques points du Liban, permet-elle d'inférer que cette coutume soit commune à tous les Druses? La diversité des doctrines engagerait plutôt à croire que cet usage ne concerne que la secte qui a hérité des mœurs de Darazi.... — Fasc. 8

(2) De Sacy, Exp. II. 398.

(3) Il lui est recommandé de ne point jeter ses regards sur les femmes, et de ne point prêter l'oreille à ce qu'elles disent. Epit. aux femmes.

(4) Ce sont proprement des adeptes, puisqu'ils sont seuls initiés aux mystères de la secte.

« La division des Druses en intelligents et ignorants décèle la « division gnostique des *hommes spirituels* et des *hommes de chair*, « dont les premiers (les pneumatiques) étaient seuls les véritables « gnostiques. » — De Hammer. Mém. 27.

Il n'y a pas d'exemple qu'un Aqqel se soit converti, tandis que les Djahels passent facilement au christianisme lorsqu'un intérêt quelconque les y porte. C'est pourtant par une sorte de vocation et un juste retour aux idées de la plus saine raison, que les émirs du Metu se sont fait baptiser.

(5) Les initiés aux grands mystères. Voir ci-après pag. 168.

« professent aucune. » Il ajoute qu'ils lui paraissent des adorateurs de la nature (1).

Un Druse est libre de vivre en Aqqel ou en Djahel, sans être obligé d'opter pour l'une ou pour l'autre de ces qualités. Il sait seulement qu'en devenant sage, il est estimé et honoré de sa nation, tandis que s'il demeure mondain, elle ne lui prête aucune attention.

Les femmes professent aussi la sagesse, aux mêmes conditions que les hommes, c'est-à-dire qu'elles sont obligées de se distinguer du vulgaire sous le rapport de l'habillement, du boire, du manger et de la vie publique.

Mais ces marques extérieures sont moins rigoureuses que l'obligation « aux saints docteurs et aux saintes reli-« gieuses d'être exempts de tout défaut et de toute souil-« lure; de même que c'est une obligation aux hommes « vrais croyants et aux femmes vraies croyantes d'être « exempts de toute impureté (2). »

Niébuhr a fait justice de ce que des auteurs avaient avancé que l'on reconnaissait les Druses à leur tête pointue. « Il dit s'en être informé expressément chez les Ma-« ronites, mais que personne n'avait remarqué que la « figure des têtes druses fut autre que celle de la leur (3). »

J'ai moi-même cité cette particularité (4), sans en faire l'application à un peuple en particulier, mais à tous les habitants du Liban, puisqu'il venait d'un usage qui leur était commun.

Les Aqels affectent une conduite plus ou moins austère. Ils sont recueillis et conservent un extérieur très-décent. Leur mise est d'ailleurs fort simple, et dans leurs discours ils mettent une retenue, un aplomb qui leur ferait le plus grand honneur, si l'on ne savait pas que tout n'est chez eux qu'apparent et maniéré.

(1) T. III. 280.

(2) Ep. aux femmes. Voir pag. 125.

(3) II. 348.

(4) Beyrout et le Liban. II. 91.

On les reconnaît à leur turban, dont l'étoffe, parfaitement blanche, est tordue avant d'être roulée sur le bonnet, et à leur *abba*, qui est en laine, à larges raies blanches et noires. Ils ont tous les paupières noircies avec l'alquifoux, réduit en poudre impalpable, ou avec toute autre préparation.

Hamzé leur a recommandé de donner des preuves de piété et d'humilité, et il a prescrit les mesures auxquelles s'exposeraient ceux qui n'obéiraient pas.

Les Aqqelés ne pouvant employer ni soieries, ni brocards dans leurs habillements, doivent se contenter des mêmes étoffes dont se servent les hommes. Il leur est pareillement interdit de se parer d'aucun bijou, et quant à leur *tantour* — ornement élevé de la tête — que les autres femmes portent en argent et les princesses en or, elles ne l'ont qu'en fer blanchi ou en toute autre matière non précieuse.

Les Aqqels ne mangent que de ce qui est permis, et ils ne gardent que l'argent *licite;* celui qu'ils obtiennent de leurs récoltes, ou de leurs propriétés.

Ils qualifient d'illicites les biens des autorités et celui du clergé chrétien, à cause de la provenance incertaine du casuel.

Mais tout ce qui appartient aux commerçants, est légitimement acquis, selon eux. Aussi les Aqqels sont-ils très-portés à les préférer, sans distinction de religion, pour se faire changer l'argent reçu de ceux qui ne sont pas sages.

Souvent le marchand sollicité, pour cette opération, reçoit la somme présentée, la verse dans sa caisse, et la retirant aussitôt, il la remet au Druse scrupuleux, qui est tout satisfait d'avoir pu se procurer un numéraire qui ne répugnera pas à sa conscience.

Le repas de l'Aqqel devant se composer de choses permises, on ne peut y employer que des denrées conservées dans son ménage ; et attendu que toute préparation étrangère lui est interdite, au dehors, il est obligé d'emporter ses provisions lorsqu'il voyage; mais il doit à son extrême frugalité d'être facile à satisfaire.

Il est prouvé que les Druses ne se font pas un scrupule de manger la chair de porc. S'ils ont l'air de s'en abstenir, c'est pendant leur séjour dans les villes, et par imitation ou crainte des musulmans.

Aussitôt qu'un Druse veut devenir Aqqel, il en prend spontanément le costume, sans s'y préparer par aucune cérémonie préalable. Il renonce dès ce moment aux propos mondains, de même qu'à toute action inconvenante dont il aurait l'habitude; la privation de toute liqueur ennivrante, et l'abstention de tout jurement sont aussi de rigueur. Il ne doit employer d'autres particules affirmative, négative et dubitative que : *oui*, *non* et *cela se peut*. Être véridique en tout ce qu'il dit, ne fût-ce que pour éviter l'occasion de mentir, est un devoir également essentiel.

Il est particulièrement recommandé aux unitaires de se défendre personnellement et, à cet effet, nul ne doit marcher sans avoir sur lui quelque arme, ne serait-ce qu'un poignard.

La chose est, du reste, proposée comme moyen de faire publiquement profession de la foi unitaire, et un sens allégorique est donné en ces termes à cette recommandation, qui est particulière aux Djahels (mondains) :

« Ne vous est-il pas enjoint de porter en tous lieux vos
« armes à votre ceinture.... Cela signifie qu'il faut faire
« ouvertement profession de la doctrine unitaire, et publier
« à découvert les louanges et la gloire de N. S. (1) »

Les Aqqels perdent leur qualité lorsqu'ils veulent porter des armes, hors le temps de guerre, et s'habiller avec luxe. En voyage, cependant, un Aqqel peut changer de costume, et alors il ne pêche pas au point de cesser d'être sage.

Quoiqu'ils aient quatre chefs, ce nombre n'est pas

(1) De Sacy, Exp. II. 663.

limité (1). Ils se distinguent par un *mechlah* blanc et par une propreté remarquable. Ils comptent parmi leurs pouvoirs ceux d'excommunier, de rendre des sentences en matières religieuses, de recevoir la déclaration des Djahels qui aspirent à la sagesse, et de leur enseigner la doctrine.

L'autorité des quatre est égale en tout, et lorsque l'un meurt, il est remplacé par son premier disciple.

Ils reconnaissaient anciennement un supérieur; mais depuis une soixantaine d'années, un manque d'obéissance s'est joint à la jalousie pour faire cesser cette dignité.

Le chef des cheikhs était parvenu à un si haut degré de puissance, que le grand prince même devait lui baiser la main, lorsqu'il le rencontrait. Sa nomination n'en dépendait pas moins du Cadi turc de Deir-el-Qamar, qui est la seconde autorité de la montagne druse comme pouvoir temporel, tandis que l'autre en était le chef spirituel. Dans ses courses, les gens du peuple, enthousiasmés à sa vue, le suivaient en foule, et attachaient un grand bonheur à pouvoir toucher le bout de son manteau (2).

Ce primat des cheikhs Aqqels était chez les Druses le sage par excellence. Il vivait, à ce titre, des dons qu'on lui faisait; car, dès son installation, il ne s'occupait plus, ou feignait de ne point s'inquiéter, des besoins de ce monde. Il menait une vie réglée, sobre, retirée, digne enfin d'un sage de l'ancien temps.

(1) Tous les Aqqels supérieurs sont cheikhs, et concourent aux quatre places. Lorsque la dignité de chef des cheikhs existait, ils y concouraient également.

(2) Je suis porté à croire que les chefs druses se posent dans ce monde comme la représentation des anciens grands-prêtres, qui formaient les anneaux de la chaîne symbolisant la *science*, trait d'union entre le ciel (l'intelligence) et la terre (l'âme). Ce qui suit est l'extrait de la formule qui les concerne:
« Que la miséricorde de N. M. et ses bénédictions soient sur les
« grands-prêtres, qui, aidés de sa grâce, ouvrent les clotures les
« plus serrées, qui servent de flambeaux aux saintes dans les
« ténèbres du chaos, qui, par les *pierreries* de leurs ordonnances,
« délivrent les âmes de la mort, qui leur est arrivée d'un déluge
« général causé par les piéges des Antéchrists des interrègnes. »
— Pétis de la Croix, man. fr. 583. III. 52.

Quoique ses fonctions fussent purement religieuses, le grand prince et le premier cheikh civil de la nation, toujours pris dans la famille Djomblat, parvenaient à l'intéresser aux affaires de l'administration, et à tirer parti de l'immense influence dont il jouissait. Il était, au reste, d'autant plus estimé du public, qu'il se préparait à cet honneur insigne par six années d'abstinence et de mortifications.

Mais attendu qu'il se présentait plusieurs candidats, le choix tombait constamment sur celui dont la conduite était la plus édifiante. Pour rendre hommage à la vérité, je dirai que jamais aucun d'eux n'a démenti sa haute réputation.

Les cheikhs des Aqqels subsistent avec le revenu des biens qui leur sont légués. Ils recueillent de droit les successions de ceux qui meurent sans héritiers, et tous les Druses sont obligés de leur laisser un legs pour obtenir leur bénédiction.

Ils sont inamovibles.

Ces cheikhs partagent avec les Aqqels, en général, le respect dont les entoure le vulgaire, qui croit, en remarquant chez eux des qualités plus éminentes que chez les autres Aqqels, que c'est dans leurs corps que sont logées let âmes des *Hedoud* (ministres) de Hakem, car elles ne doivent passer que dans des personnages infiniment recommandables.

Les Druses ajoutent foi aux paroles de ces cheikhs et des Aqqels, se soumettent à leurs décisions, et sont heureux d'en obtenir des conseils dans les occasions où une direction supérieure leur paraît indispensable. Ce sont leurs oracles.

On a remarqué qu'au milieu de la fécondité dont l'Orient est généralement favorisé, les Aqqels supérieurs ont peu ou point d'enfants, comme s'ils voulaient montrer qu'ils y sont indifférents, ou que des intérêts d'un autre ordre les touchent davantage (1).

L'Aqqel se rend régulièrement à la Khaloué — lieu d'assemblée des Druses (2) — où ils se réunissent, hommes et femmes, une fois la semaine, la nuit qui précède le vendredi. Là il apprend secrètement les principes de sa religion, qu'il n'avait pas connus quand il était Djahel.

Le jeudi soir n'est pas seulement un jour commémoratif à cause de la disparition de Hakem, mais parce que c'est à pareil jour qu'il doit revenir.

C'est ainsi que l'initié débute dans la classe des Aqqels, et s'il est exact aux réunions, et qu'il s'instruise des dogmes de sa foi, en s'appliquant à lire les livres conservés avec grand soin dans les Khaloués, il peut, au bout de quelques années de pratiques et d'études, devenir Aqqel du degré *avancé* ou *distingué*. Le nombre n'en est pas considérable, il est vrai : la plupart des Aqqels s'arrêtant au grade de commençant, leur peu d'aptitude ne leur permettant pas d'aller au-delà.

Les femmes sont obligées à un serment lors de leur première présentation. Elles doivent, de plus, se dépouiller de toute parure avant d'entrer dans l'assemblée.

Autour de ces endroits sont placés des gardes pour empêcher les profanes de surprendre quelques-uns des mystères qui s'y passent.

Les Druses conservent tout ce qu'ils apprennent des dogmes de leur religion de la manière la plus secrète, sans que cela empêche un Aqqel de redevenir Djahel, la chose dépendant entièrement de lui. Elle consiste, en effet, à quitter son costume, à reprendre celui de prolétaire, et à renoncer aux allures et aux propos des sages. Il ne doit s'attendre, pour ce fait, à aucune opposition, ni craindre le moindre reproche.

Ce ne serait que la révélation des dogmes par lui appris

(1) Fascicule 9.

(2) Khaloué veut dire lieu isolé, solitude.

qui l'exposerait au châtiment terrible annoncé au violateur des secrets de la religion unitaire. La peine de mort est également encourue par celui qui se trouvera posséder le livre de l'unité, et si c'est un étranger, son corps devra être coupé par morceaux (1).

L'obligation imposée aux Druses, des deux sexes, de tenir cachées les maximes de la foi étant rigoureuse, le plus grand crime, que puissent commettre les unitaires, est donc de révéler quelques parties de leur croyance, attentat pour lequel il n'est pas de rémission à espérer, la fermeture de la Porte et le retrait de la miséricorde du Seigneur les privant de toute régénération par le pardon.

La hiérarchie établie dans l'ordre des Aqqels rend leurs secrets impénétrables (2); car ce ne sont que ceux du premier degré (les commençants) qui se retirent quelquefois ; les autres, surtout les supérieurs, ne donnant jamais l'exemple du retour à la mondanité.

Les livres sacrés doivent être enfouis sous une muraille (un massif), dans un lieu caché de la Khaloué (3).

Il est défendu de les lire hors de ce lieu d'assemblée et en présence des unitaires n'ayant pas atteint depuis un certain temps la science de l'unité (4).

Les livres et le coffre contenant la figure de l'humanité

(1) De Sacy. Exp. II. 670.
L'unitaire sera mis à mort devant tous les croyants et sequestré du nombre des fidèles. — Man. arabe, 1583. pag. 12.

(2) On a dit à M. Poussou, un des missionnaires les plus distingués que les Lazaristes aient eu en Syrie, « que les Aqqels « voyant que leurs écrits commençaient à se révéler, ont tenu, « il n'y a pas longtemps, une assemblée, où ils y ont pris de « nouvelles dispositions, et ont envoyé des délégués chez tous « leurs coreligionnaires pour les leur faire adopter. » — *Ann. de la Propagation de la Foi*, n. 62. 137.

(3) Ce qui est « *caché sous le mur* ne paraît donc pas signifier « *Hakem*, mais bien la doctrine de l'unité et les livres qui la con- « tiennent. Cela est d'autant plus vraisemblable, que dans l'écrit « où il est dit que Hakem s'est caché dans le *Sedd-Escander*, il « est recommandé aux unitaires d'enterrer soigneusement les « livres de leur religion sous le mur. » — De Sacy. Exp. I. 221.

(4) D'après cette prescription, il semblerait que les nouveaux Aqqels ne sont pas initiés dès leur première visite à la Khaloué.

de N. M. le sublime (1) ne sortent, dans aucun cas, du trésor de l'Imam. L'épitre des Secrets dit à ce sujet, que si un des mystères de l'unité était divulgué, l'infidèle qui en aurait connaissance devrait être mis aussitôt en pièces. L'épitre fait de plus cette recommandation : « ô vous, la « secte des unitaires, qui êtes chargés de défendre ses « secrets; il vous appartient de montrer votre ferveur pour « cela. »

Défense absolue est pareillement faite aux sectateurs de l'unité de composer, sans autorisation, des livres et de les communiquer aux fidèles.

« Si quelqu'un des ministres leur lit quelque livre, sans « en avoir reçu l'ordre, celui qui lit et ceux qui l'écoutent « sont rebelles; car l'Imam parle par l'inspiration de N. S. « qui opère en lui spirituellement et sans l'intervention « d'aucun intermédiaire (2). »

La cachette, qui renferme les livres et la boite mystérieuse, ne doit être fréquentée que par l'Imam et par ceux à qui il le permet; mais cette cachette ou porte étroite et solide, en pierre, figure à la fois le Pontife et le dogme de l'unité de N. M. et de son adoration, dont aucun ne professe le culte, si ce n'est ceux à qui ce maître a fait cette grâce (3).

La boite en argent contient la figure en or de l'humanité de Hakem, laquelle ne peut être reproduite qu'en ce métal ou en argent, nous l'avons déjà annoncé.

Les Khaloués ressemblent aux autres maisons des Druses, quant à la construction extérieure, étant seulement bâties dans des endroits élevés, et convenablement écartés

(1) Fascicule 10.

(2) De Sacy. Exp. II, 220
C'est, je pense, la véritable cause de l'impénétrable secret gardé par les initiés, qui n'obtiennent de connaître les dogmes de leur religion qu'après de longues épreuves. Ce n'a été qu'en possédant les livres druses, à la suite des guerres qu'ils ont éprouvées, que nous avons pu soulever le voile qui les dérobait depuis longtemps à notre vue.

(3) Pétis de la Croix, man. fr. 582. I. 101.
Ce passage est à prendre au propre ou au figuré.

des habitations. Elles ont des propriétés et des revenus que des procureurs administrent (1).

Une Khaloué est composée de trois pièces : la première en entrant, la seconde lui faisant suite, et la troisième étant au fond.

Ceux qui veulent faire partie des assemblées, de chaque jeudi soir, Aqqels et Aqqelés, se rendent à la Khaloué, s'y entretiennent quelque temps de différentes questions religieuses, et les hommes comme les femmes s'instruisent par ces enseignements.

Voici le précepte relatif aux réunions :

« Il faut, initiés et initiées, que vous vous assembliez « chaque soir (veille) de vendredy; que vous lisiez et con- « serviez les livres de la science que vous a laissés N. S. « glorieux; il faut aussi que vous enseigniez vos sœurs « initiées derrière un rideau, et qu'elles n'élèvent pas la « voix. Lisez entre vous les vêpres secrètes, parce que j'ai « détruit les sept préceptes onéreux (2), et que je les ai « remplacés par sept spirituels (3).

« Les femmes qui assistent aux lectures doivent s'abs- « tenir de rire et de pleurer, parce qu'elles pourraient ex- « citer, par ces moyens, les passions des hommes. Il con- « vient qu'elles ne viennent à la Khaloué qu'accompagnées « de leur mari, et qu'elles y restent voilées quoique pla- « cées derrière une toile (4). »

Il est promis aux femmes, qui se font instruire, d'être

(1) Autrefois il n'y avait que deux villages. *Baaqlin* et *Freidis*, qui fussent en possession de la statuette représentant l'humanité de Hakem. — Pères Jésuites, VI 221.

(2) Ce mot est préférable à celui de cérémonieux pour *téklifi*.

(3) Regnault. 19.
Les commandements des musulmans, considérés comme étant les piliers de leur foi, sont remplacés par les préceptes druses.— Voir le commencement de la Sect. III.

(4) Profess. de foi des femmes.

admises au nombre des anges qui sont autour du trône divin et qui le portent (1).

La réunion se termine par une collation composée de fruits secs, tels que figues, raisins, amandes et noix.

Après cela, les commençants, Aqqels et Aqqelés, prennent le chemin de leurs maisons, et les avancés en science, hommes et femmes, pénètrent dans la seconde chambre pour y traiter des mystères de leur foi, dont la connaissance n'est pas donnee aux débutants. Ils consultent pendant un peu de temps leurs livres saints, puis ils se retirent.

Les Aqqels supérieurs qui se trouvent parmi les assistants s'introduisent dans la troisième pièce, et s'y occupent des matières les plus relevées de leurs croyances, lesquelles ne sont connues que de très-peu d'entr'eux.

Les deux autres classes d'Aqqels traitent aussi, dans leurs réunions, des affaires intérieures ou publiques et des moyens à prendre pour sauvegarder les intérêts de leur nation.

Les Aqqelés doivent s'éloigner de la conversation des infidèles. Il leur est, en outre, enjoint de se distinguer par leurs bonnes œuvres.

« Il est expressément défendu à toutes les femmes d'oc-
« cuper leur cœur d'autres choses que de l'unité de N. M.,
« de glorieuse mémoire, et de l'obéissance aux grands-
« prêtres de la loi, qui sont les saints qu'il a institués
« pour enseigner les postulants. Il ne faut pas qu'elles
« désirent les passions.... (2). »

Elles sont soumises aux sept preceptes, à l'égal des hommes, et il leur est recommandé de les cacher aux femmes vulgaires et aux profanes.

La conservation de l'honneur des femmes est une des principales recommandations faites aux hommes (3).

(1) Le trône est la connaissance de l'unité de N. M, qui est très-difficile, et dont personne n'est capable, sinon un prophète envoyé. — Epit. aux femmes.

(2) Profess. de foi des femmes. Fasc. 10

(3) Man. fr. 582. I. 177.

Les Aqqels ne sont pas plus tenus de jeûner et de prier que les autres Druses, auxquels il n'est imposé aucune pratique sous ce rapport (1).

Ils doivent seulement, nous le répétons, se nourrir de choses licites, se rendre à la Khaloué la veille du vendredi, et conserver un extérieur décent.

Ils *disent*, néanmoins, que celui qui prie à la tête du peuple est son représentant, et que sa prière sert pour tous les fidèles, parce qu'il la fait dans cette intention, et qu'ils s'y associent (2).

Les Djahels, vingt fois plus nombreux que les Aqqels, vivent dans une extrême nonchalance, ne suivant aucune règle, et se contentant de savoir qu'ils sont Druses et non d'une autre nation.

On conçoit combien la vulgaire pensée que la religion ne leur fait aucun crime, de leurs actions cachées, doit les encourager au vice : aussi ne sont-ils nullement retenus ; ce qui rend le vol, comme l'assassinat, très-fréquents dans leur pays. C'est seulement lorsqu'un Druse croit avoir été vu qu'il doit craindre la justice, parce qu'elle est légitimement prévenue contre lui.

Je dirai pourtant qu'il est des Druses chez lesquels le sentiment religieux s'exerce avec une grande ferveur, et que M. de Sacy, en s'appuyant sur le Catéchisme, les croit susceptibles d'une vie monastique (3). Mais s'il est un petit nombre de ces gens qui se montrent pieux, la grande majorité est profondément ignorante, même des choses les plus vulgaires, et elle végète plutôt qu'elle ne vit, n'étant

(1) Niébuhr nous dit cependant que si les Druses ne se mettent pas en peine de la religion, c'est « parce que les Aqqels ont pris « sur eux de prier et de jeûner pour tous les séculiers. » II. 349. Mais c'est une erreur.

(2) Chez ce peuple essentiellement fourbe, les pensées élevées n'ont qu'un sens fictif, puisque l'abolition de l'oraison empêche de leur en donner un réel.

(3) Exp. II. 698.

assujetie qu'aux simples lois de la nature, et retenue seulement par la crainte du châtiment (1).

Les Druses ont plusieurs *saints* qui sont l'objet de toute leur vénération. Les plus célèbres sont : *Chaïb-el-Mokdad* et l'*Emir Saïd*, dont le tombeau est à *Abey*. Un santon turc ou musulman, appelé *Cheikh-Alï*, y est aussi enterré et fort révéré. Les femmes stériles visitent son mausolée, et croient par là cesser de l'être (2).

C'est à l'un de ces saints que l'on doit des réformes dont les mœurs de cette nation n'ont eu qu'à se féliciter.

Par un abus des bons principes, les Aqqels s'étaient adonnés à la boisson, et se permettaient aussi de fumer; mais *Saïd-Abdallah Djemel-eddin-Tenouhhi* obtint que ces abus cessassent.

L'abstention du vin a dû être moins empruntée à Mahomet qu'à Pythagore, puisque les sages de la religion druse sont aussi les imitateurs de sa frugalité.

La superstition a beaucoup d'empire sur l'esprit de cette secte. C'est au point qu'elle croit que les bonnes fortunes, les accidents fâcheux, le bonheur, le malheur, et les autres évènements, n'arrivent que par les irrégularités que les mois, les jours et les heures présentent dans leurs combinaisons avec le cours des astres.

Cela les oblige à avoir des traités, ou des règles, d'après lesquels ils disent pouvoir distinguer le bon mois du mauvais, le jour favorable du jour néfaste, l'heure propice de la critique. Par ce moyen, ils disposent leurs voyages, leurs entreprises et leurs mariages d'une manière relative aux mois, jours et heures indiqués dans leurs livres, objet de leur foi la plus aveugle.

Il s'en suit que leurs dispositions, dans beaucoup de

(1) Dans son état actuel, la religion des Druses mériterait plus que jamais l'accusation d'être un mélange de maximes, de pratiques, et surtout de superstitions chrétiennes et musulmanes. — Pères Jésuites. VI. 220.

(2) Rien n'est moins étonnant en Orient que les préjugés fondés sur de semblables miracles par la crédulité excessive du peuple.

circonstances, comme lors des fiançailles, des mariages et pendant les noces, sont suivies de précautions superstitieuses et de manières ridicules qui constituent les mœurs payennes. J'ajouterai que tout se fait parmi eux sans que nul étranger à leur religion puisse en être témoin.

C'est à tort, au surplus, qu'on accuse les Druses de contracter entr'eux des liens aux degrés prohibés, puisqu'ils se règlent sur les lois qui régissent les chrétiens et les musulmans (1).

Lors du mariage d'un Druse avec une unitaire, l'homme fixe lui-même le prix de sa femme, celui qui lui revient dans les cas ordinaires (2), car il doit lui assurer, en outre, la demie de tout ce qu'il possède. La loi veut, au surplus, que les unitaires donnent en dot à leur fille « sa portion « des biens spirituels et de sagesse, qui sont légitimes, et « qui ne doivent point être des biens douteux et soup- « çonnés d'être mal acquis (3) »

C'est plutôt la coutume que la loi, comme l'a observé Niébuhr (4), qui permet la polygamie, car les Druses n'ont en général qu'une femme ; des anciens chefs s'étant seuls permis d'en prendre deux.

Le passage suivant d'un écrit de Hamzé : « La femme « mariée ne doit se laisser approcher que par son mari, à « moins qu'elle ne se sépare de lui et qu'elle ne s'unisse « légalement à un autre, (5) » est la seule *loi* qui autorise le divorce, et il en résulte que hommes et femmes se croient parfaitemenl libres de rester unis ou de se séparer, quand bon leur semble, en se conformant seulement aux condi-

(1) Il a été dit précédemment que si certaines licences avaient été accordées, c'était dans le but d'avoir des prosélytes.

(2) C'est un usage emprunté aux musulmans et fondé sur ce passage : « Donnez-leur le nécessaire, l'homme aisé selon ses « facultés, l'homme pauvre selon les siennes. » (v. 238 de la IIe Surate du Koran)

(3) Epit. des miséricordes.

(4) II. 365.

(5) De Sacy, Exp. II. 575.

tions établies par le contrat de mariage, d'après les règles ci-dessus rapportées.

Les unions conjugales entre Druses sont, comme l'on voit, très-faciles à rompre, l'intérêt en étant le lien le plus fort, puisque l'initiative, donnée aux conjoints, doit les priver — s'ils l'exercent — de leur droit sur la portion de bien reçue ou promise dans le contrat. En voici les principes généraux :

L'unitaire qui a pris une de ses sœurs unitaires doit la tenir en tout point pour égale à lui, et partager également avec elle tout ce qu'il possède. Si des circonstances les obligent à en venir à une séparation, il faut distinguer quel est celui des deux qui a manqué à ce qu'il devait à l'autre.

Si c'est la femme qui se soustrait à l'obéissance qu'elle doit à son mari, et qu'il soit reconnu que celui-ci a satisfait aux devoirs d'un époux, la traitant avec justice, dès qu'elle veut absolument se séparer de lui, elle n'aura que la moitié de ce qui lui appartient, même des vêtements qu'elle a sur le corps.

La chose ne sera, au reste, ainsi réglée que si des gens dignes de foi déclarent qu'elle lui a manqué; car s'ils certifient, au contraire, qu'il la traite avec dureté, et qu'elle ne le quitte que par nécessité, dans ce cas, elle emportera en le quittant tout ce qui lui revient, sans que le mari puisse en rien retenir.

Mais si l'homme veut se détacher d'elle, de son propre chef, sans qu'elle ait commis aucune faute, elle aura la moitié de tout ce qu'il possède d'habits, de meubles, d'or, d'argent, de bêtes de charge, enfin de tout ce qui est la propriété du mari par droit de justice (1).

Le mariage des Druses n'est, en conséquence, rien moins qu'indissoluble, puisqu'après la faculté donnée à la femme d'être séparée de son mari, par le seul fait de son union

(1) Décision de l'Imam chargé du ministère de la manifestation. — De Sacy, Chrest. I. 356.

spontanée à un autre homme, la coutume a voulu qu'à titre de compensation l'époux prononçât également lui-même la dissolution du mariage en disant, simplement à celle qui était jusque-là sa compagne : *Va-t-en et ne reviens pas*, car elle doit se retirer aussitôt, sans se permettre la moindre observation. L'homme peut prendre de suite une autre femme, comme l'épouse est libre de se remarier.

Cette règle impose à la femme, qui a besoin de s'absenter, l'obligation d'en prévenir chaque fois son mari, afin qu'il puisse lui dire : « Tu reviendras ; » car s'il se bornait à ces mots bannals : « Eh bien ! va, » sans ajouter : « Et reviens, » elle ne pourrait pas rentrer sous le toit conjugal, devant se considérer comme divorcée.

Les Druses sont renommés pour leurs ruses et l'étude qu'ils font de la tromperie. Ils y exercent leurs enfants dès leur bas-âge, afin de leur en faire contracter l'habitude de bonne heure. On ne tient généralement aucun compte de leurs promesses, celles mêmes affirmées par les serments les plus solennels, et il n'est ajouté aucune foi à leurs protestations, quels que soient les termes qui les composent. Ils sont accusés de mentir impudemment dans ces cas-là, et on les croit capables de pousser la perfidie jusqu'à répandre le sang, parce que rien ne les retient toutes les fois qu'ils peuvent exercer leur haine sans craindre les châtiments de la justice.

Ce sont là les traits dominants du caractère de ce peuple et il faut croire qu'il n'est pas sans présenter d'honorables exceptions (1).

Les querelles personnelles dégénèrent souvent en guerres intestines, et des villages s'arment alors pour s'entre-détruire, car les résultats de ces collisions sont toujours l'incendie des maisons et la destruction des arbres qui les entourent, ou qui en dépendent.

(1) J'ai beaucoup connu la famille *Abdel-Melek*, chez laquelle j'ai trouvé des sentiments délicats qui feraient honneur à tout honnête homme.

La justice intervient ordinairement lorsque tout remède est devenu inutile, ce qui ne fait qu'augmenter le mal, parce que dans un pays où les véritables coupables échappent sans cesse à son action, ce sont les faibles qui subissent la peine des fourbes et des puissants.

En Orient, tout dépend des influences. Ainsi quiconque peut compter sur une protection efficace n'a pas à s'inquiéter de ses faits et gestes, l'impunité la plus entière lui étant assurée dans tous les cas. Or, comme les avantages ne sont réels qu'autant qu'on en profite, celui qui possède la bienveillance d'une autorité, de personnes puissantes, ou qui dispose d'un parti, non seulement ne se fait pas faute de quelques excentricités aventureuses et hasardeuses, mais il va jusqu'à communiquer ou céder ses prérogatives à d'autres, qu'il prend à tâche de défendre aussi quoi qu'il arrive.

Ces concessions d'influences s'achètent, bien entendu, par des services ou par des dons, lorsque le prix n'en est pas réglé en numéraire, car, à la montagne, comme dans tout l'Orient, l'argent est le mobile infaillible des actions en général; et s'il n'a été connu nulle part, jusqu'ici, un spécifique universel, on peut affirmer que là-bas la monnaie guérit tous les maux, et pare aux inconvénients, quelle que soit leur nature (1).

Les chefs des districts et des villages sont d'ailleurs dans une position exceptionnelle, et c'est ce qui leur donne un pouvoir discrétionaire dont ils abusent, devant, d'autre part, se montrer très-indulgents à l'égard de ceux qu'ils se sont chargés de patronner.

Comme propriétaires des pays par eux dirigés, ils sont inamovibles, ce qui empêche les gouverneurs, dont ils dépendent, de les changer. Il résulte de cet état de choses des exigences d'un côté et des ménagements de l'autre, qui

(1) On me disait en Syrie : « Les reliques qui font le plus de « miracles de nos jours, chez les gens de ces pays-ci, ce sont « l'argent et le bâton. »

sont une source d'abus et d'embarras. Leur effet définitif est de perpétuer l'impunité des chefs et des administrés, en leur épargnant constamment des corrections méritées.

C'est pourtant en frappant le district, ou le village, d'un impôt extraordinaire que l'autorité supérieure obtient d'infliger une punition ; mais ce moyen tourne alors au profit du chef de l'endroit, parce que dans la répartition qu'il en fait *lui-même*, il a grand soin de ne point oublier ses intérêts, fut-il la seule cause de cette contribution.

Lorsqu'un meurtre n'a pas été puni, par l'autorité, ce sont les parents qui en tirent vengeance, et il est rare qu'ils soient longtemps à l'obtenir. Il arrive cependant qu'une intervention amie fasse renoncer la famille de la victime à *son droit*, et cette complaisance est acquise, selon la loi musulmane, — que les Druses ont adoptée en ce qui a rapport à la législation civile, — en payant le prix du sang. La réconciliation n'a pourtant lieu, et elle n'est réputée entière, que lorsque le meurtrier se présente, un mouchoir tordu au cou, comme pour se mettre à la disposition des personnes offensées et implorer son pardon.

Il est deux raisons qui servent singulièrement ces gens-là : le droit du plus fort, qui leur donne gain de cause, lorsqu'ils ont affaire à des inférieurs, et la faculté d'agir secrètement, pour laquelle toute facilité leur est laissée.

On m'objectera, peut-être, que les autres nations de l'Orient sont dans le même cas ; mais il faut considérer que les Druses font absolument exception à tous leurs voisins, en ce qu'ils sont encore moins sociables que les musulmans, qui ont conservé quelques dehors d'équité.

Le caractère farouche des Druses fait que leur existence est constamment en péril, ce qui les oblige à user de beaucoup de prudence et de ruse pour échapper aux dangers qui les menacent, ou pour se tirer des embarras qu'ils éprouvent.

L'hospitalité qu'on attribue aux Druses paraîtrait, de prime abord, un non-sens, car les traits qu'on vient de donner de leur esprit en exclueraient toute idée de courtoisie et de générosité ; je me hâte donc d'ajouter que cette réputation ils l'avaient acquise, et même chèrement achetée, à l'époque où le pouvoir despotique des Turcs faisait souvent chercher un refuge dans la montagne du Liban, aux employés et même aux Pachas, que le gouvernement voulait punir, ou aux particuliers que les autorités ottomanes poursuivaient, par des raisons non moins despotiques.

A ces diverses occasions le pays, improprement appelé *des Druses*, a été attaqué par des armées qui ont imposé d'énormes sacrifices aux habitants, sans qu'ils aient cédé sur leur droit d'asile, ni remis aucun de leurs réfugiés. Mais cette montagne, gouvernée depuis longtemps par un prince maronite, portait le nom de chrétienne, les Druses n'y étant qu'en très-petite minorité (1).

Les Druses sont, du reste, braves et le métier des armes paraît leur plaire. Ils s'y exercent toute leur vie pour s'endurcir à la fatigue. S'ils se sont bornés aux cultures propres à leur climat, c'est que l'industrie occupe peu de personnes à la montagne. On y trouve à peine des maçons, des tisserands, des menuisiers, des cordonniers, des forgerons, et qui plus est, leurs ouvrages sont grossiers. Pour les autres besoins, on a recours aux villes.

Leur manière de vivre n'est pas seulement des plus simples, elle est parcimonieuse et abjecte.

Leurs provisions pour l'année se composent uniquement de blé, d'olives, d'huile, de fruits secs, d'oignons et de quelques légumes. Ils conservent aussi, pendant plusieurs mois, de la viande de mouton frite dans la graisse, et ils la destinent à leurs jours de régal.

Toute leur ambition est d'amasser ce que leur entretien laisse d'excédant sur leur revenu, et cet argent ils le cachent soigneusement pour un pressant besoin, tel qu'une guerre qui leur serait suscitée, ou la nécessité de

(1) La statistique que j'ai dressée, en 1846, de la population de la Syrie, m'a donné, pour la montagne, 300,919 habitants, dont 189,039 Maronites, 36,660 Grecs-unis, 24,895 Grecs, 31,493 Druses, 9,071 musulmans, 9,701 Métoualis, etc.

fuir vers un autre pays, ce qui fait qu'ils préfèrent emprunter à un taux usuraire plutôt que d'entamer leur réserve, pour en dépenser la moindre partie. C'est du moins l'habitude de la généralité, et elle se conçoit de la part de ceux qui, ne touchant des revenus que pendant trois ou quatre mois de l'année, aiment mieux s'endetter, pour leurs besoins ordinaires, que de recourir à l'argent enfoui, auquel ils feraient d'ailleurs courir des dangers s'ils le visitaient souvent, tous leurs mouvements étant continuellement épiés parmi eux.

Un défaut qui leur est commun — c'est-à-dire qui est inné chez les Druses — consiste à agir avec leurs autorités, et même à l'égard de leurs cheikhs, selon les circonstances de temps, de lieux et de personnes, en employant des moyens occultes et sans s'engager entièrement.

S'il leur arrive de vendre une de leurs propriétés, pour un prix déterminé et par un contrat en bonne forme, le marché tient autant que l'évènement qui l'a fait conclure continue, car s'il vient à cesser, le vendeur réclame son bien sous de faux prétextes, appelant à son aide les moyens de contrainte si faciles à trouver avec des autorités vénales, pouvant se permettre tout ce qui doit rester caché.

Une habitude, non moins perfide, qui a cours parmi les Druses, du plus grand au plus petit, consiste à écrire leurs lettres sans les dater, afin d'employer au besoin la négation ou d'autres faux-fuyants. Ils ne confient, du reste, jamais à l'écriture leurs affaires secrètes, évitant ainsi de se compromettre : ce sont des gens qu'ils envoyent pour les traiter de vive voix.

Les juges, qui ont à prononcer sur un différend, se règlent pour leurs sentences sur la jurisprudence musulmane.

Les testaments sont religieusement exécutés, même lorsqu'ils lèsent, par leurs dispositions, les héritiers légitimes (1).

Les chefs agissent avec leurs administrés en vrais despotes, les faisant servir gratuitement, les pressurant, les battant même, et les traitant, en un mot, à l'égal des esclaves. C'est de la sorte qu'ils en usent surtout envers les chrétiens, et dans quelques occasions, ils ont été jusqu'à les faire périr.

Un sentiment religieux pour les morts, mais de pure imitation, fait qu'à l'occasion d'un décès les Druses se livrent à des cérémonies funéraires dont ils ne devraient pas s'occuper, puisque leur religion les engage à considérer les corps comme des enveloppes sales, ayant perdu l'objet précieux qu'elles contenaient. En effet, c'est seulement pendant l'habitation de l'âme que « le Créateur Tout- « Puissant peut se servir du corps de l'homme pour lui « faire du bien comme pour le châtier (2).

Les chefs assistent aux enterrements avec le reste des habitants du village, et si le défunt jouissait de quelque considération, les invitations sont lancées au dehors afin de lui faire de brillantes obsèques (3).

Les Aqqels font, avant le départ du corps, quelques lectures qu'on prend pour des prières, et la descente dans la fosse ne donne lieu à aucune autre pratique; seulement les hommes chantent en ce moment des espèces de louanges sur un ton plaintif, les unes en termes intelligibles, et d'autres dans un langage qu'ils connaissent seuls.

(1) M. de Sacy déclare n'avoir trouvé aucune trace de lois concernant les testaments, et il fait remarquer qu'il est seulement exigé des unitaires que leurs conventions soient différentes de celles des deux autres religions. — II. 701.

Mais n'était-ce pas le cas, dès lors, que leur législateur les dotât de dispositions particulières? Cela prouve le peu d'ordre qui a régné dans la constitution de cette nation.

(2) De Sacy, Exp. II. 441.

(3) Niébuhr a rapporté les cérémonies qui se pratiquaient de son temps à la mort d'un cheikh druse. — II. 355.

Dans ma Relation du mont Liban, j'ai donné quelques détails sur les mêmes honneurs rendus à des Emirs — II. 271.

Les femmes ont l'habitude d'agiter leurs mouchoirs, et c'est le moyen le plus expressif qu'elles aient de montrer tout le chagrin dont elles sont pénétrées.

Les Druses s'affectent peu en général, et jamais des larmes ne coulent de leurs yeux. On attribue leur impassibilité à ce que la religion leur inspire d'indifférence, pour les diverses phases de la vie, dont la dernière doit être considérée sous un tout autre point de vue, et avec moins d'horreur, que chez les autres nations.

On accuse les auteurs druses de n'avoir écrit que des puérilités, et cette opinion nous paraissant par trop exagérée, nous devons dire que s'il est chez eux des livres du genre burlesque, ceux sous forme d'apologue ne doivent pas être jugés avec légèreté, puisque leur propriété est d'inculquer plus facilement les principes de la morale dans l'esprit des gens peu instruits, de même qu'ils jouissent de la prérogative d'arriver auprès des despotes, et de faire ainsi parvenir la vérité jusqu'à eux.

Nous avons eu connaissance d'un manuscrit dont l'auteur avait emprunté sa méthode à Salomon, puisque, comme lui, il adresse ses enseignements à son fils ou à un enfant. La morale de ce livre est entièrement inspirée par la plus pure sagesse.

Un autre écrivain druse a composé un poème sur les félicités qui seront le partage des unitaires, et il l'a enrichi des plus attrayantes fictions. Le dogme du bonheur éternel de cette secte, *au dernier jour*, fait si profondément partie de leurs croyances, qu'il devait naturellement occuper l'imagination de l'un de leurs poètes; aussi son œuvre, toute de circonstance, est-elle uniquement consacrée à célébrer, sous les formes les plus variées, les plus riantes, le bonheur des unitaires, et sous les couleurs les plus sombres, les plus effrayantes, la réprobation définitive et éternelle des mécréants.

J'ajouterai, malgré cela, que les livres religieux de cette nation sont presque nuls, par rapport à nous, ne présentant par leur contexture que des rêveries, des exagérations, des explications cabalistiques et des démonstrations basées sur des nombres, ou des combinaisons de chiffres.

Pour prouver ce que j'avance, je vais présenter un de leurs arguments sur chacune de ces catégories, étant convaincu qu'ils seront trouvé suffisants.

Suivant eux, dans ces paroles du Koran : « Dieu vous « ordonne d'immoler une vache, il est question d'Ayéscha : « le vin et les jeux de hasard défendus par le Koran sont « Abou-Béker et Omar; les idoles Djibt et Tagout, dont « il est parlé dans le Koran, sont Moavia et son général « Amrou fils d'Alâs. » (1).

« Les mondes supérieur et inférieur n'ont pas de temps « limités, ni de terme compté chez les savants. N'est-il « pas vrai que si le monde augmentait d'un seul homme « à chaque millénaire, la terre se trouverait trop étroite « pour contenir les hommes, et que si chaque millième « d'années voyait diminuer d'un seul homme le nombre « des humains, il n'en resterait pas un seul à la fin sur la « terre.... Il est donc certain que les personnes ne dimi- « nuent ni n'augmentent en nombre (2).

« Dans ce nom *el Kaïem*, il y a une signification sub- « tile que les yeux des hommes aveugles n'aperçoivent « pas; car il n'est permis à aucun des unitaires d'appeler « N. S. *Kaïem el Zéman*, parce que son nom est *el Kaïem* « avec un *élif* et un *lam*. Il n'est pas plus permis d'appe- « ler son serviteur *el Kaïem :* il faut retrancher l'*élif* et « *lam*, et dire *Kaïem el Zéman*, et cela, parce que le mot « *Kaïem* est composé de quatre lettres, ce qui est aussi le « nombre des lettres du mot *allah*. Or, *allah* (comme mot) « c'est le Daï : *allah*, je veux dire dans sa signification, « c'est l'Imam, mot composé aussi de quatre lettres. Le « Daï, l'Imam, *Allah*, tous sont des serviteurs de Notre « Seigneur le souverain, le savant Hakem, dont le nom

(1) De Sacy, Exp. I. LI.

(2) Pétis de la Croix, man fr. 583. IV. 134.

« soit glorifié. Les deux lettres *élif* et *lam*, qui sont de « plus dans le nom de Notre Seigneur, indiquent qu'on ne « doit admettre la ressemblance d'aucun être avec lui; « car ces deux lettres *élif* et *lam* forment aussi la parti- « cule *la* (non); c'est-à-dire il n'y a rien qui lui soit sem- « blable parmi les êtres créés, et il n'y a personne qui « partage avec lui la puissance et la perfection (1). »

Si l'on compte la valeur des lettres du mot *intelligence*, l'addition donnera 200, tandis que l'âme ne rend que le nombre 130. Ce qui prouve que le nom de l'intelligence prime celui de l'âme de 70 degrés, lesquels sont les grands prêtres de l'imamat de l'unité, dont voici le dénombrement : le premier est l'âme aimante, qui a douze apôtres dans les îles et sept daïs dans les sept climats....; le second est la parole, qui a égalment douze apôtres et sept missionnaires, etc. (2).

Pour essayer d'esquisser l'état politique des Druses, nous devons rappeler que nous avons indiqué les pays où ils s'étaient d'abord établis (3), et dire qu'on n'en trouve aujourd'hui que dans le Liban — de la montagne qui est au-dessus de Beyrout jusqu'à Seyde, — aux environs de Damas, dans le Hauran, les deux bourgs de Rascheïa et de Hasbeya, et à Keftin, village du pachalik d'Alep (4).

Niébuhr donne le nom de Keftin à une montagne qui contenait quarante villages dont les habitants ne lui pa-

(1) De Sacy, Exp. I. 130.

(2) Epitre de la découverte de la vérité.

(3) M. de Sacy explique l'étonnante propagation de la doctrine de Hamzé, loin du lieu où elle prit naissance, par la ressemblance qu'elle avait avec celle professée par les Karmates, très-répandue dans l'Asie musulmane. — Exp. II. 243.

(4) L'abbé Mariti a confondu les Métoualis avec les Druses lorsqu'il a dit qu'il était de ceux-ci à Gibaïl, autrefois Byblus, et dans l'ancienne Héliopolis, maintenant Balbek, car ce sont de purs sectateurs d'Ali qui ont toujours occupé ces deux villes et leurs alentours.

Ce qui met encore plus en évidence l'erreur de ce voyageur, c'est son affirmation que ces prétendus Druses ne refusent pas l'entree de leurs mosquées aux chrétiens, au milieu même de leurs oraisons. Or, rien n'est moins exact et plus invraisemblable

raissent pas de véritables Druses, étant accusés de coutumes ismaélites (1).

On a quelques doutes sur l'existence de familles druses dans la montagne *Ada*, qui est aussi de la mouvance d'Alep.

Balès, Rakka, Albostan (2) et beaucoup d'autres lieux doivent en posséder, mais la facilité avec laquelle s'effacent les unitaires, au milieu des populations musulmanes, fait qu'il est presque impossible de les reconnaître.

Ils échappent d'autant plus facilement à toute investigation que leur religion, loin de les obliger à aucune maniféstation de culte, pas plus au dehors que chez eux, les autorise, au contraire, à la cacher le plus qu'ils peuvent.

C'est dans ce but, ainsi que nous l'avons dit, qu'on permet aux Druses de fréquenter les gens des religions dominantes près desquels ils vivent, de faire semblant d'en adopter les idées, et de suivre même leurs principes.

A l'occasion d'une épitre de 424 (1032 de J.-C.) adressée aux unitaires du Moultan et de l'Indoustan sous le nom de leur chef *Scheikh Ebn Soumar Radja-Pala,* M. Reinaud fait la remarque que ce nom étant persan, il est à présumer que « quelques indigènes s'étaient fait affilier à la « secte, ou bien que certains Arabes avaient adopté des « dénominations indigènes. »

Il ajoute : « Certains livres indiens supposent que la « vallée de l'Indus obéit longtemps à une famille nommée « Soumera. Cette famille appartenait-elle à l'homme qui, « un peu après la mort de Mahmoud, était devenu le chef « du parti des Karmates? (3) »

que cela, puisque les Khaloués, placées dans des endroits écartés, sont gardées par des gens qui en défendent l'approche aux profane, dénomination comprenant même les Druses non initiés. — *Voyage*, II. 22 et 27.

On sait, du reste, que les Métoualis sont loin de partager l'opinion des Sunnites sur la sainteté des temples. On va jusqu'à les accuser de ne les fréquenter que par respect humain.

(1) Voyage, II. 343.

(2) De Sacy, Exp. I. DVIII et DIX.

(3) Mém. géog. hist. scient. sur l'Inde, I. XVIII. 256.

Le siècle dernier, les Druses étaient partagés en deux partis appelés *Qaïssi* et *Yéméni* ou *Beni-Qais* et *Béni-Yémen ;* mais à la suite de longues guerres intestines, les Qaïssis finirent par détruire leurs rivaux.

La division n'en demeura pas moins dans les esprits, seulement elle fut continuée sous d'autres noms : ceux de *Djomblat* et de *Yezbek,* chefs druses de la partie méridionale de la montagne, qu'ils gouvernèrent longtemps d'une manière absolue, puisqu'ils en étaient entièrement les maîtres, le sultan n'exerçant alors sur eux qu'un pouvoir nominal.

Les autres familles marquantes du pays sont celles des Abou Nakad, Aamad, Abdel Mélek, Talbouq, Minaeddin, Hamadé, Reslan et Abdel Samed.

Ce sont des membres de ces familles, d'ailleurs grands propriétaires, qui exercent l'autorité dans les quinze districts de la Montagne. C'est également parmi ces cheikhs, appelés *Mokatagis*, que depuis les *arrangements* de 1842, le pacha de Beyrout choisit le kaïmakan qui gouverne cette partie du Liban.

Les Druses peuvent mettre sur pied : trois mille combattants dans le Hauran, quinze cents à Hasbeya et Rascheïa et dix mille dans cette montagne, ce qui suppose une population totale de 48 à 50,000 âmes (1).

(3) On cessera de trouver étonnant que ce chiffre puisse donner 14,500 combattants, lorsqu'on saura qu'il ne s'agit pas de soldats mais d'hommes de tout âge pouvant porter des armes. Voir page 183, note 1, et Esquisse de la Syrie tableaux 1, 3, 5, 6 et 7.

Ve SECTION.

CATÉCHISME DES DRUSES.

AVERTISSEMENT.

Le Catéchisme qu'on va lire, et qui est le complément obligé de toute étude d'une religion, a été d'abord traduit sur un manuscrit arabe m'appartenant, puis comparé à d'autres textes et à plusieurs traductions, de sorte que je puis m'arrêter résolument à l'opinion que les différences que ces formulaires présentent sont relatives, soit à diverses rédactions, soit aux schismes qui, ainsi que je l'ai dit, ont partagé la nation druse en deux ou trois sectes principales ; car je ne pense pas qu'il en existe davantage.

Les variations que j'ai observées n'ont pas toutes été suivies de remarques de ma part, m'étant borné à celles de quelque importance, pour ne point accroître inutilement mon travail. C'est par les motifs donnés dans ma préface, que je n'ai point relevé certaines erreurs, en pensant, comme je le prévois, que le lecteur y suppléerait.

Tous les Catéchismes diffèrent dans le nombre des articles qui les composent, ce qui fait qu'ils n'offrent pas une parfaite concordance entr'eux.

Mon manuscrit *avait* 105 articles, celui de M. Venture en a 100, M. de Sacy en compte 104, Adler 37, et M. Ach. Laurent 90.

Ces différences, aussi bien que l'interversion des matières de ces formulaires, m'ont fait penser que les Imams ont dû en composer pour leurs *diocèses* respectifs, et d'après les idées que chacun d'eux s'était fait de dogmes qu'il était chargé d'enseigner; car il est bien recommandé, dans cette religion, d'endoctriner les unitaires, autant pour les instruire et les faire avancer dans la foi de leur croyance que pour les y maintenir. Je n'explique pas autrement les divergences qui existent entre les auteurs de ces écrits.

Je dois croire, au surplus, que M. Venture a souvent substitué ses idées aux sens qu'il ne pouvait saisir à travers l'obscurité des compositions druses, et je dirai que, n'ayant pas entrepris ma traduction uniquement pour les gens du monde, je me suis attaché, quant à moi, à m'éloigner le moins possible de la seule signification raisonnable que l'arrangement des mots me présentait.

L'article 101, qui se trouve de moins dans mon Catéchisme, en a été détaché comme faisant plus spécialement partie du Fascicule.

CONFÉRENCE

Entre un Sage et un Mondain Druses.

---

1 DEMANDE. — Est-tu Druse?
RÉPONSE. — Oui, par la puissance du Seigneur.

2 D. Quel est le Druse?
R. C'est celui qui a écrit le pacte (1) et adoré Hakem le Créateur (2).

3 D. Que lui a-t-il commandé?
R. De retenir sa langue et d'accomplir les sept préceptes (3).

4 D. De quoi le Seigneur l'a-t-il exempté?
R. Des sept obligations (4).

5 D. Comment connais-tu que tu es Druse? (5)
R. Par l'abandon des sept obligations, et parce que je me sers des choses permises, et que je m'abstiens de celles défendues.

6 D. Quelles sont les choses permises et celles défendues?
R. Ce qui provient du bien des Aqqels et des agriculteurs est permis, tandis que ce qui vient des Djahels et des gouvernants est défendu (6).

7 D. A quelle époque eut lieu l'apparition de Hakem?
R. En l'année 400 de l'hégire (*).

8 D. Comment s'est-il manifesté?

(*) Cette date est celle de sa manifestation, car il est né en 375, et c'est onze ans après qu'il a succédé à son père dans le kalifat.

R. Il est apparu en se disant de la lignée de Mahomet, et de cette façon il a caché sa divinité.

9 D. Pourquoi a-t-il caché sa divinité?

R. La sagesse l'a ainsi exigé (7).

10 D. A quelle époque a-t-il manifesté sa divinité?

R. Huit ans après les quatre cents.

11 D. Combien d'années se montra-t-il avec la divinité d'une manière évidente?

R. La huitième en entier, et il s'est absenté la neuvième année, parce qu'elle était néfaste (8); il a reparu pendant la dixième et la onzième, et il s'est dérobé dans la douzième, ne devant plus se montrer qu'au jour du jugement.

12 D. Quel est le jour du jugement?

R. C'est le jour de l'action, où il exercera son autorité avec le glaive et d'une manière sévère.

13 D. Quand arrivera-t-il?

R. C'est ce qu'on ignore; mais des signes l'annonceront.

14 D. Quels seront ces signes?

R. Vous verrez les monarchies dans l'embarras, et les chrétiens prendre empire sur les musulmans (*).

15 D. Dans quel mois cela arrivera-t-il?

R. Pendant le mois de *Djémed* ou dans celui de *Rejeb* (9).

16 D. Comment s'établira son gouvernement sur les nations et les religions? (10)

R. Après leur extermination par le glaive les peuples renaîtront au moyen d'une nouvelle vie (11), et il les gouvernera comme il le voudra (12).

17 D. De quelle manière les règlera-t-il?

(*) V. page 185, note 2.

R. Ils formeront quatre divisions de chrétiens, israélites, rénégats et unitaires.

18 D. De combien de parties se composera chaque division ?

R. La classe des chrétiens comprendra les Nesséiris et les Métualis ; celle des juifs, les musulmans ; les rénégats (se composeront de ceux qui ont abandonné le culte de notre Maître) ; quant aux unitaires, ce seront les adorateurs de notre Seigneur digne de louange (13).

19 D. Comment agira-t-il à l'égard des unitaires ?

R. Il leur donnera la puissance, l'autorité, l'or, l'argent, et ils deviendront princes et souverains (14).

20 D. De quelle manière se comportera-t-il avec les rénégats ?

R. En employant les plus violents tourments (15).

21 D. Combien de fois notre Seigneur Hakem a-t-il paru sous la forme humaine corporelle ?

R. Il a paru dix fois dans la forme humaine, et il s'est appelé : Alali, Albar, Alya, Moïll, Kaïem, Moëz, Aziz, Abouzaccaria, Mansour et Hakem.

22 D. Dans quel lieu parut Alali ?

R. Il parut dans l'Inde, à Chin-Machin, tandis qu'Albar parut en Perse, à Ispahan, Alya dans l'Iémen, Moïll dans l'Occident, à Mehdié, de même que Kaïem, d'où il vint en Egypte, et s'y manifesta avec la divinité ; il y bâtit la ville appelée *Rachedet*. Abouzaccaria et Mansour ont également paru à Mansourié, et le nom de Mansour était Ismaïl. Moëz et Aziz parurent aussi en Egypte ; Hakem était fils du gouverneur, et il s'appelait Ismaïl (*).

(*) Je ne puis expliquer ce nom (qui peut appartenir au père de Hakem) qu'en supposant qu'il a été porté par tous les membres de cette dynastie, à cause de la foi ismalienne qu'elle a dû professer. — Voir note 18.

23 D. Combien de fois Hamzé a-t-il paru, et comment s'est-il appelé ?

R. Il a paru sept fois dans les périodes, depuis Adam jusqu'au prophète (16). Du temps d'Adam, on le nommait Schatnil ; au temps de Noé, on l'appelait Pythagore ; au temps d'Abraham, il se nommait David ; du temps de Moïse, son nom était Cheéïb ; du temps d'Iça, on le nommait le vrai Messie, qui est Eléazar (17); du temps de Mahomet, on l'appelait Selman, et du temps de Saïd, il était connu sous le nom de Saleh (*).

24 D. Apprends-moi d'où est venu le nom de Druse ?

R. Les Druses doivent leur nom à leur soumission à Hakem, qui apparut sous la figure humaine. Lors donc qu'ils se furent agrégés à l'autorité de ses lois, on les appela *Drouz*. Or, ce nom était dans l'origine *Drous*, pluriel de *Ders*, c'est-à-dire étude des dispositions des livres de la foi unitaire et de leur perfection (18).

25 D. Quelle est la signification du mot *Youkh* que les femmes emploient en jurant, et de celui de *Youha* dont les hommes se servent aussi pour jurer ?

R. Sachez que les femmes emploient le mot féminin et les hommes le masculin, et que leur seule intention en affirmant de la sorte (ce qu'ils disent), est d'éviter le serment, youkh et youha signifiant également : ô frère.

26 D. Que nous proposons-nous en faisant l'éloge de l'Évangile ?

R. Notre but, en cela, est d'exalter le nom de Hakem et celui de Kaïem, son esclave, qui a parlé par l'Évangile. Tout l'Évangile est d'ailleurs d'une pure sagesse unitaire (19).

(*) Houd et Saleh sont deux prophètes de l'Islam, dont la Bible ne fait pas mention. — M. Reinaud, monum^t I. 141.

27 D. D'où vient que nous déclarons n'avoir d'autre livre que le Koran?

R. C'est par la raison que, nous appuyant sur la religion de Mahomet, fils d'Abdallah, nous devons admettre son livre et désavouer les autres (20).

28 D. Que devons-nous penser des martyrs, dont le courage et le nombre sont un sujet de gloire pour les chrétiens?

R. Les martyrs datent de la période qui a précédé l'apparition de Hakem, et tous ceux qui font partie de ce temps sont dignes de louange, comme étant de vrais unitaires (21)

29 D. Que répondre si quelque chrétien nous dit que sa religion est plus fondée que celle de Hamzé? (22)

R. Nous lui répondrons : « Qui a affermi ta religion « par toutes ses preuves, si ce n'est Hamzé, « pendant les périodes, *afin que celui qui n'a « pas, on lui prit ce qu'il a* (23). »

30 D. Quel sera le sort du Djahel s'il meurt sans avoir pratiqué la sagesse?

R. Malheur à lui, car il perdra l'héritage des unitaires et il partagera le sort des apostats (23 *bis*).

31 D. Quel est le livre, le témoignage, ou le fait merveilleux qui prouve que la religion de Hamzé est la véritable, et qu'elle a paru dans tous les temps?

R. Garde-toi bien de répéter d'aussi inconvenantes paroles, ton propos étant celui de quelqu'un qui doute de Hamzé et de ses très-honorés frères (24), car qui est plus véridique, plus précieux, plus honorable que lui, pour que nous nous fondions sur son témoignage? Tous les livres sont ses œuvres, et toutes les religions ont été faites de ses *substances.*

32 D. Apprends-moi, ô mon maître l'Aqqel, comment tu

reconnais l'excellence de Kaïem le juste, Hamzé fils d'Ali, que son salut soit sur nous.

R. Sache, ô mon fils, que nous avons appris cela par le témoignage qu'il s'est rendu à lui-même en disant, dans son épitre intitulée *l'Exhortation et l'Avertissement :* Je suis l'origine des créations du Seigneur; je suis sa voie; celui qui connais son ordre; je suis la montagne, le livre écrit et la maison sacrée; je suis le maître de la résurrection et du jugement; je suis celui qui embouche la trompette (25); je suis l'Imam des gens pieux, le dispensateur des grâces, le créateur des lois et leur abrogateur; je suis l'exterminateur des deux mondes; je suis celui qui annulle les deux déclarations (*); je suis le feu allumé qui s'élève dans les entrailles (**).

C'est de ce témoignage que l'importance de son haut mérite nous est apparue, et que nous avons reconnu qu'il est l'apôtre de Dieu et son voile qui est à sa disposition (***).

33 D. Apprends-moi quelle est donc la religion unitaire que suivent les Druses Aqqels?

R. C'est le renoncement à toutes les sectes et à toutes les nations, car ce qu'elles réprouvent, nous y croyons, ainsi que cela est dit dans le livre *des Prétextes et des Conseils* (26).

34 D. Si quelqu'un dans le monde vient à connaître la religion de notre Maître, et qu'en y croyant il se conforme à la foi unitaire, est-il sauvé pour cela?

R. Il n'est absolument nul espoir de salut pour lui,

(*) Voir page 162. Note 1

(**) Qui domine les cœurs. De Sacy, Exp. II, 103

(***) C'est-à-dire qu'il a la faculté de le voir quand il veut en relevant le voile dont il dispose.

attendu que la porte de la miséricorde est fermée (27), que tout est consommé, que la plume s'est émoussée, de façon qu'en mourant son âme retourne à sa nation et à son ancienne religion.

35 D. A quelle époque ont été créées les âmes de tous les mondes?

R. Elles ont été crées après la création du Sage, qui est Hamzé fils d'Ali; toutes les âmes ont été ensuite produites de sa lumière, et elles sont comptées, ne devant diminuer ni augmenter, pendant la durée des temps, des révolutions et des siècles sur les montagnes et dans les villes (28).

36 D. Convient-il que la foi unitaire soit communiquée aux femmes?

R. Oui, cela est convenable, parce que notre Maître a pris à leur égard l'engagement dont il est fait mention dans *le Pacte des femmes*, et qu'elles se sont soumises directement à la mission de Hakem (29). Cela est aussi rapporté dans l'épitre aux filles. Notre magnanime Seigneur a reconnu, au surplus, qu'il se trouvait plus d'unitaires parmi les femmes que parmi les hommes (*).

37 D. Que devons-nous penser des autres nations, qui disent : « Nous adorons le Seigneur créateur, le Prophète? » (30)

R. Lors même qu'elles le diraient, elles n'auraient pas pour cela une foi, parce qu'un culte ne peut se constituer sans la connaissance (de la loi qui l'établit); ainsi quoique ces nations déclarent qu'elles adorent (le Seigneur), ne reconnaissant

(*) Fascicule II.

pas que c'est réellement Hakem, leur dévotion est nulle et fausse.

38 D. Lequel des ministres a dicté la sagesse unitaire, a manifesté la mission de l'existence réelle, et publié les épitres sur lesquelles est fondée notre religion ?

R. C'est l'œuvre de trois ministres : Hamzé, Ismaïl et Béhaeddin.

39 D. En combien de parties se divise la science ?

R. Elle se divise en cinq parties : deux pour la religion, deux pour la nature, et la cinquième, qui est la plus grande, la (science) véritable, est celle vers laquelle doit pencher le désir (31.)

40 D. En combien de parties se divise chacune d'elles ?

R. Elles se divisent en un grand nombre de parties; mais des quatre principales, deux réunissent dans leurs subdivisions toutes les religions; deux autres représentent les connaissances de la nature entière, et quant à la cinquième division, qui est, comme il a été dit, la plus grande et la véritable, c'est la science de la religion des Druses, la sagesse de l'esclave de notre Maître, digne de louanges', Hamzé fils d'Ali (32).

41 D. Comment connaîtrais-je un frère unitaire si je le rencontre sur le chemin, ou s'il se présente inopinément à moi, en disant qu'il est des nôtres ?

R. Après l'avoir approché, salué et entretenu, il faut lui dire : « Est-ce que dans ton pays les laboureurs sèment la graine de myrobolan ? » S'il répond : « Oui, elle est semée dans le cœur des croyants. » Et que le questionnant sur la connaissance des ministres, il réponde la posséder, ce sera notre frère, notre coreligionnaire, et s'il ne satisfait pas à ces questions, il nous sera étranger (33).

42 D. Quels sont les ministres?

R. Ce sont les cinq prophètes que Hakem, digne de louanges, a établis pour la mission du culte de l'unité, soit : Hamzé, Ismaïl, Mohamed la Parole, Aboulkeir et Béhaeddin (34).

43 D. Est-il quelque espoir de rémission et de salut auprès de Hakem, digne de louanges, si le Druse mondain meurt dans l'état où il est, c'est-à-dire sans esprit (de croyance) et sans repentance?

R Il n'est nul espoir qu'il soit sauvé : aussi sera-t-il éternellement dans l'esclavage de notre Maître digne de louanges et dans l'avilissement (35).

44. D. Comment les Nesséiris se sont-ils séparés des vrais adorateurs, et ont-ils quitté la religion unitaire de notre Maître digne de louanges?

R. Ils se sont séparés à l'invitation que leur a faite *Nesseïr al Nemer*, que l'on croyait être l'esclave de notre Maître, le prince des croyants, mais qui a nié la divinité de notre seigneur Hakem pour confesser celle d'Ali fils d'Abou Taleb le vicaire, en disant que la divinité s'est manifestée dans les douze Imams de la famille sacrée, qu'elle s'est retirée après s'être montrée dans Mohamed *el Mehdi al Kaïem* (36) ; qu'elle s'est cachée dans le ciel, se revêtant de la robe bleue, et qu'elle s'est établie dans le soleil ; qu'en outre, chez les Nesséiris, chaque fois que l'un d'eux s'est purifié par la transmigration, pendant les révolutions (célestes), et qu'il retourne dans le monde, revêtir l'enveloppe humaine, il devient, après cette épuration, une étoile dans le ciel, laquelle a été sa première demeure ; que si cependant il a commis quelque crime, contraire à la divinité du prince des croyants le Seigneur Très-Haut, il est transformé en juif, ou en musulman *sunni*, ou en chrétien, jusqu'à ce qu'il se soit purifié comme l'argent affiné ; alors il redevient une étoile dans le ciel. Quant aux infidèles qui n'ont pas adoré Ali et qui n'ont pas reconnu qu'il est le Dieu glorieux, ils seront transformés en chameaux, mulets, ânes, chiens et moutons propres à la boucherie et autres usages. Ils ont de nombreux préceptes et d'autres opinions que la crainte d'être trop long nous dispense de rapporter (37).

45 D. Que signifie le point du compas ? (*)
R. C'est Hamzé fils d'Ali (38).

46 D. Quelle est la droite voie ?
R. C'est Hamzé fils d'Ali, celui qu'on appelle Kaïem le juste ; il est l'Imam du siècle, l'Intelligence, le Précédant, le Prophète glorieux, la Cause des causes.

47 D. Qu'est-ce que Dhou'massa ? (39)
R. C'est (celui qui a paru successivement sous les noms de) Adam le partiel, Hermès, Énoch, Édris, Jean, Ismaïl fils de Mohamed Témimi l'invoquant (missionnaire), dont le nom, dans la période de Mohamet fils d'Abdallah, était Mokdad.

48 D Quel est l'ancien, l'Eternel ?
R. L'ancien c'est Hamzé, le sage (intelligence), et l'éternel son frère Ismaïl, l'âme.

49 D. Qu'est-ce que les pieds de l'arrête? (40)
R. Ce sont les trois prédicateurs.

50 D. Quels sont ces trois prédicateurs? (41)
R. Mathieu, Marc et Luc (**).

(*) M. de Sacy traduit *compas* par *repos*.

(**) J'ai expliqué dans la note 41 pourquoi je n'ai pas adopté les noms de l'auteur arabe, que je crois dans l'erreur,

51 D. Combien d'années ont-ils prêché ?
R. Vingt-et-un ans, c'est-à-dire sept ans chacun.

52 D. Quelle était leur prédication ?
R. Ils annonçaient la venue du vrai Messie.

53 D. Quel est le messager de la puissance ?
R. C'est Mohamed Ouahab Quodsi (*), c'est la Parole, le troisième frère (ministre).

54 D. De quelle manière les ministres saluaient-ils Hakem lorsqu'ils se présentaient à lui ?
R. Ils disaient à voix basse : « De toi vient le salut, « ô notre maître, et c'est à toi qu'il retourne ; « le salut t'appartient par excellence, et ta « mission est la maison du salut ; tu es béni et « élevé, ô notre maître, le sublime, le majes- « tueux, le généreux. (**) »

55 D. Qu'est-ce que Moktana ?
R. C'est Béhaeddin ; on l'appelle Moktana (acquis, possédé), et il est également nommé Ali fils d'Ahmed (42).

56 D. Que sont les cinq vierges bienveillantes ?
R. Ce sont les cinq ministres de la mission de l'existence (réelle).

57 D. Qu'est-ce que les cinq vierges mondaines ?
R. Ce sont les apôtres de la (fausse) loi (43).

58 D. Combien compte-t-on de lettres de vérité ?
B. Leur nombre est de cent soixante-quatre ; ce sont les invoquants, les justes, les prédicateurs, tous prophètes de notre Maître digne de louanges (44).

59 D. Quelles sont les lettres de mensonge ?

(*) Le copiste arabe a dû faire erreur ; c'est Koreischi ou plutôt Coraychite selon l'orthographe de M. Caussin de Perceval. — I. 229.

(**) Voir page 64.

R. On en compte vingt-six, qui indiquent Iblis, sa femme et ses enfants; Mahomet, Ali et ses enfants, les douze Imams auxquels croient les Métualis.

60 D. Quels sont les trois ministres qui ne se personnifieront et ne se manifesteront qu'au temps de Kaïem el-Zéman (commandant du siècle), qui est Hamzé?

R. Ce sont le désir, la volonté et la parole, qui, dans la période du Messie, étaient Jean, Mathieu et Marc; dans celle de Mahomet, ils se nommaient Mokdad, Masfoun (*) fils de Jaser, et Aba-der Néfaoui; et dans celle de Hamzé, Ismaïl l'âme, Mohamed la parole, et Ali Béhaeddin (45).

61 D. Comment se fait-il que dans l'épitre adressée à Khimar, fils de Djéeïch Soleiman, il soit qualifié de frère de notre Maître digne de louanges?

R. Notre Seigneur, en se manifestant, avait fait semblant d'être né du père de Khimar, et celui-ci voyant cela, dut se croire son frère, étant réellement né (comme les autres hommes); mais le but évident fut d'ajouter une nouvelle erreur à celle de Khimar, et que cela servît de preuve contre lui (46).

62 D. Quelle signification tirer de ce que notre Seigneur a monté des ânes sans selles?

R. L'âne est l'emblême du prophète (Mahomet), et en montant sur un âne, notre Seigneur a indiqué la destruction de sa loi et son abolition. Pour attester cela, le Très-Haut a dit dans le Koran :

(*) Ce mot est écrit ailleurs *Madou'un*, le point étant placé sur le sad; mais c'est une faute de copiste.

Que le père des cris était celui des ânes (*), qui sont les ministres de la loi extérieure (47).

63 D. Quel enseignement tirer de ce que notre Maître s'est vêtu d'étoffe en laine noire?

R. C'est le costume de deuil indiquant l'épreuve (persécution) à laquelle les adorateurs de notre Seigneur, digne de louanges, devaient être exposés après lui (**).

64 D. Quelles sont ces constructions qui se trouvent en Egypte et qu'on appelle Pyramides? (***)

R. C'est notre Maître qui les a fait bâtir dans un but sage qu'il s'est proposé (48).

65 D. Quelle sagesse y a-t-il en cela?

R. S'agissant de contrats et d'engagements authentiques, obtenus par notre Maître à l'égard des peuples, il fallait qu'il y renfermât ces actes pour être conservés jusqu'à sa seconde venue (49).

66 D. Quel était le motif de l'apparition de Kaïem dans chaque législation?

R. Celui de soutenir l'énergie des unitaires, afin qu'ils se maintinssent dans le culte de notre Seigneur Hakem, et qu'ils reconnussent que celui qui établit la loi (extérieure) est Iblis, et qu'ils n'ajoutent pas foi à ses propos (50).

67 D. Comment les âmes transmigrent-elles?

R. Chaque fois qu'il meurt un individu, il en naît un autre. C'est ainsi que le monde est organisé (51).

68 D. Quels sont les ministres?

R. Ce sont les cinq visirs (52).

69 D. Quel est (celui qu'on nomme) Kaïem le chef du siècle?

(*) Surate 31. verset 18.

(**) Voir la note précédente (47)

(***) Voir page 123. note 4.

R. C'est Hamzé fils d'Ali

70 D. Quel nom donne-t-on aux musulmans ?
R. Celui de Tenzil (les gens de la révélation) (53).

71 D. Quel est le nom donné aux chrétiens ?
R. Celui de Ta'ouil (allégoristes) (*) qui ont interprêté l'Evangile, tandis que le mot tenzil vient de ce que le Koran est descendu du ciel (54).

72 D. Qu'arrivera-t-il au sage s'il vient à pécher ?
R. S'il se repent, il doit faire sept ans (**) pénitence, et visiter les sages en pleurant (55).

73 D. Et s'il ne se repend pas ?
R. Il mourra comme un infidèle, un renégat.

74 D. A quoi reconnait-on que la religion de Hakem est vraie, et que les autres croyances sont fausses ?
R. Ces paroles sont impies, et prouvent la mécréance en Hakem digne de louanges, car les unitaires se sont engagés, en signant le pacte, à mettre tous leurs intérêts entre ses mains, sans examen ni discussion, se déclarant ses esclaves ; or, dès que l'homme agit autrement, il tombe dans l'irréligion, et il fait acte d'infidélité.

75 D. Qu'a laissé notre Maître lorsqu'il s'est absenté ?
R. Il a écrit une charte et l'a suspendue aux chaires (des mosquées), l'appelant *el moalaqa* (la chose appendue) (56).

76 D. Que pense-t-on de Mohamet (***), qui se prétendit fils de notre Maître digne de louanges ?
R. Que c'était un bâtard, étant fils de l'esclave, la

(*) C'est ici évidemment une modification à l'enseignement fondamental, qualifiant les schiites d'être allégoristes puisqu'ils interprètent le Koran au lieu d'en accepter le sens littéral.

(**) Fascicule 12.

(***) Il est plus connu sous le nom d'Ali Daher.

servante, et que c'était en apparence qu'il l'avait appelé son fils.

77 D. Que fit celui-ci lorsque Hakem se fut retiré?

R. Il résolut de s'asseoir sur le trône en disant : « Je « suis le fils de Hakem, adorez-moi donc, com- « me vous l'avez adoré, puisqu'il était mon « père. »

78 D. Que lui répondit-on?

R. Hamzé lui dit : « Notre maître Hakem, digne de « louanges, n'a pas été engendré et n'engen- « drait pas non plus. » — A quoi Mohamed ré- « partit : « Ainsi de qui suis-je fils? » — On lui « dit : « Nous ne le savons pas. » — Il ajouta : « Je suis donc un bâtard? » — Hamzé lui répliqua : « Vous l'avez dit, et vous avez rendu « témoignage de vous-même. »

79 D. Qu'était en réalité Mohamed, qui paraissait être le fils de Hakem?

R. C'était Mohamed fils d'Abdallah.

80 D. Comment se fait-il que Hakem, l'ayant laissé considérer comme étant son fils, ne l'ait pas fait mourir?

R. Ç'a été dans un but sage. Pour qu'il fût l'auteur de l'épreuve (de la persécution); pour qu'on devînt (plus sincèrement) adorateur de notre Maître digne de louanges, que la repentance de ceux qui se convertiraient s'accrût, et que les infidèles, qui étaient parmi eux, ne résistassent pas à l'épreuve et apostasiassent (57).

81 D. Dans quelle intention fait-on mention des génies et des anges dans, les livres de la sagesse de Hamzé?

R. On entend par génies, diables et Iblis le monde ténébreux, qui ne fait pas acte de présence (n'obéit pas) (58). Mais dire que les démons sont des esprits sans corps, ainsi que l'imaginent les faiseurs de contes, c'est une absurdité. Pour ce qui est des anges, ce sont les unitaires, acquis à la prédication de notre Maître digne de louanges dans toutes les époques (59).

82 D. Qu'est-ce que les périodes? (60)

R. Ce sont les lois des prophètes (qui ont cru aux choses apparentes), tels que Adam, Noé, Abraham, Moïse, Iça, Mahomet et Saïd (Saïd est le septième Natek, prophète, qui a prétendu à la prophétie cent ans après Mahomet, et il a fait une loi sur laquelle celle de Mahomet eut le dessus) (*), ne formant tous qu'une seule âme; si ce n'est qu'elle s'est transportée d'un corps à un autre, et ç'a été celle d'Iblis le maudit, de Termah et d'Adam le rebelle, que Dieu chassa du Paradis, et que notre Seigneur, digne de louanges, éloigna de la science de son unité.

83 D. Quel était l'emploi d'Iblis auprès de notre maître?

R. Il l'estimait; mais il s'enfla d'orgueil et il combla la mesure (**) à l'égard de Hamzé, le ministre supérieur; en conséquence, Hakem le maudit et le renvoya du paradis de sa mission,

84 D. Quels sont les archanges chargés de porter le trône du Seigneur? (61)

R. Ce sont les cinq ministres : Gabriel ou Hamzé; Michel, lequel est son frère le suivant; Asrafil, Israël (***) et Mathatroun : ce sont les mi-

(*) Cette réflexion est évidemment celle d'un dissident.

(**) L'allusion parag. 32, ch XXIII de l'Evangile selon saint Mathieu.

(***) Les musulmans les qualifient d'anges *rapprochés*, parce qu'ils sont sans cesse auprès de Dieu. J'attribue à une erreur du copiste leur transcription, car Israël doit être avant Asrafil — Voir M. Reinaud, Monum. I 133 et II 358.

nistres qu'on appelle : le Précédant, le Suivant, l'Application, l'Ouverture et le Fantôme (62).

85 D. Qui désigne-t-on par les quatre femmes ?
R. Ismaïl, Mohamed, Selamé, Ali (63).

86 D. Pourquoi les appelle-t-on femmes ? (*)
R. Par la raison que Hamzé tient le rang d'homme, et qu'ils sont ses femmes, étant par leur soumission dans la position d'enfants à son égard.

87. D. Qu'est-ce que l'Évangile des chrétiens, et qu'en pensez-vous ?
R. L'Évangile a été l'œuvre (dictée) du seigneur Messie, soit Selman el Farsi à l'époque de Mahomet, et c'est Hamzé, non le faux Messie qui naquit de Marie, puisqu'il est le fils de Joseph (64).

88 D. Où était le vrai Messie lorsque le faux Messie se trouvait avec ses disciples ?
R. Il était avec lui, au nombre de ses disciples, et il annonçait l'Évangile. Il enseignait le Messie fils de Joseph, lui disant : « Juge le monde, et fais « de *telle et telle* façon, selon ce qui est ordonné « par les lois chrétiennes. » Et celui-ci écoutait ses paroles ; mais lorsqu'il eut désobéi, le vrai Messie répandit sa haine contre lui dans le cœur des juifs, et ils le crucifièrent (65).

89 D. Qu'arriva-t-il après le crucifiement ?
R. On le mit dans un tombeau, et le vrai Messie étant venu le dérober, il l'enterra dans un jardin (voisin), en disant aux gens : « Le Messie est « ressuscité d'entre les morts. »

90 D. Pourquoi fit-il cela ?
R. Pour établir solidement la religion des chrétiens,

(*) Fasc. 13.

et porter ceux-ci à persévérer dans ce qu'il leur avait appris.

91 D. Dans quel but a-t-il raffermi la religion de l'infidélité ?

R. Ç'a été pour que les unitaires pussent être confondus avec les sectateurs du Messie, et que nul ne les reconnut (66),

92 D. Quel est celui qui, sorti du tombeau, est entré chez les disciples, les portes étant fermées ?

R. C'est le Messie vivant qui ne meurt pas, soit Hamzé, le serviteur de notre Maître et son esclave (67).

93 D. Qui a produit l'Évangile et l'a publié?

R. Ce sont Mathieu, Marc, Luc et Jean, les quatre femmes dont nous avons parlé (68).

94 D. Comment se fait-il que les chrétiens n'aient pas adopté le culte de l'unité ?

R. Ç'a été l'œuvre de Dieu el Hakem bi amr'i (qui fait ce qui lui plaît).

95 D. Pourquoi Dieu tolère-t-il le mal et l'impiété ?

R. Par suite de la coutume de notre Maître, digne de louanges, d'égarer les uns et de diriger les autres, ainsi qu'il l'a dit dans le Koran : « Il en a « fait connaître une partie, et il s'est tû sur « une autre (69). »

96 D. Si l'infidélité et l'égarement viennent de lui (Dieu), comment les punira-t-il ?

R. Attendu qu'il a été trompé à leur égard, puisqu'ils ne lui ont pas obéi.

97 D. Comment peut-on punir l'homme trompé (par surprise) et faute d'avoir connu ce qui lui était caché, ainsi que le dit le Koran : « Nous avons « jeté un voile sur eux, et nous avons usé d'ar- « tifice à leur égard (70). »

R. On ne doit pas s'enquérir de cela, attendu que la

conduite de Hakem, sur ses esclaves, ne donne lieu à aucune objection, ainsi qu'il a été dit : « On ne s'informera pas de ce qu'il fera, mais « on demandera compte de leurs actions (71). »

98 D. Que signifie la danse des désœuvrés, le jeu de la main chaude, etc.

R. Cela avait lieu dans un but profond de sagesse qui sera reconnu dans quelque temps (72).

99 D. Quelle sagesse peut-il y avoir en cela?

R. Par la danse, il fait allusion aux précédentes lois et aux prophètes (qui les ont produites), parce que chacun d'eux est venu et qu'il a dansé en son temps, que son autorité a cessé, et qu'il s'en est allé (*).

100 D. Qu'est-ce que le jeu de la main chaude? (73)

R. Le jeu de la main chaude, qui cause de la douleur, est sans danger; d'où il faut inférer qu'il n'est ni nuisible, ni utile.

101 (**).

102 D. Pourquoi Hamzé fils d'Ali nous a-t-il recommandé de cacher la sagesse et de ne point la montrer?

R. Par la raison qu'elle renferme les secrets de notre Maître, de même que ses engagements, et qu'il ne convient pas de les divulguer à personne, étant le salut des âmes et la vie des esprits (74).

103 D. Est-ce que nous désirons nous sauver sans vouloir que les autres se sauvent?

R. Ce n'est pas par un amour exclusif de nous-mêmes, mais la mission ayant été suspendue et la porte fermée, dès lors *a été incrédule qui a voulu et a cru aussi qui a voulu croire* (***). Toute chose

(*) Fascicule 14.

(**) Fascicule 15.

(***) Koran II. 254.

est louable et bien, le jeûne (75) comme son abstention, car le prophète en l'établissant jeûna. Pour ce qui est de la mortification de l'âme dans certains cas, elle nous rapproche de notre Maître (76).

104 D. Que signifie la suppression de l'aumône à l'égard de quelques gens ?

R. Parmi nous, la charité n'est permise qu'envers nos frères unitaires et sages ; à l'égard des autres elle est défendue (77)

105 D. Quel but se propose-t-on en demeurant dans les Khaloués et en mortifiant son âme ?

R. C'est afin que Hakem nous traite, quand il viendra, selon nos œuvres, et qu'il nous établisse dans ce monde ses ministres, ses pachas (78) et ses chefs de haute administration.

VIe SECTION.

NOTES ET ADDITIONS.

1. Chaque individu a été obligé d'en souscrire un séparément ; c'est l'acte solennel de la profession de foi.

2. L'auteur de toutes choses. (Ach Laurent, I. 117.)

3. Ce sont ceux décrits à la fin de la théogonie. (Voir ces préceptes page 124.)

4. Le pèlerinage de la Mecque, la solennité du vendredi et des deux grandes fêtes (*), les prières quotidiennes, l'aumône, le jeûne du Ramadan, la guerre sainte et l'obéissance aux chefs. (Venture, art. 4.)

5. Adorateurs d'un seul Dieu. (*Idem.*)

6. « Il est défendu de manger du bien des gens en « place, de toucher à leurs mets, et même de se servir de « leur argent sans l'avoir échangé contre celui des négo« ciants ou des cultivateurs. » (Regnault.)

Adler ajoute : « Et des ouvriers, lesquels travaillent de « leurs mains. (P. 116.) Voir p. 166.

(*) *Yid* en arabe, *Beïram* en turc.

7. Parce que son pouvoir n'était pas encore bien établi sur la terre, et que ses fidèles serviteurs étaient en petit nombre. (Venture, Mém.)

8. Dans cette année, la mission fut suspendue par la retraite de Hakem et le silence de ses ministres; d'abord à cause des calamités qui la marquèrent, et puis « parce que « beaucoup de personnes, pendant la huitième (année) « n'avaient embrassé la confession de l'unité de Hakem « qu'extérieurement et avec hypocrisie, par ambition et « désir des honneurs. Or, le Seigneur et les ministres « s'étant tenus sous les voiles, dans la neuvième, l'uni« taire fut discerné du polythéiste. » (De Sacy, Exp. I. 119.)

Le Catéchisme arabe, publié par Adler, renferme une question très-importante, puisqu'elle prouve que, pour la secte à laquelle il était destiné, Hamzé avait entièrement usurpé la divinité de Hakem, ainsi qu'on va en juger :

Demande. Après cela qu'a fait Hamzé?

Réponse. Il est monté au ciel, il s'est environné de lumières, se mettant en possession du pouvoir, de la gloire, des honneurs, et s'en rendant éternellement le maître. Il s'est aussi emparé des trésors des vents, et celui qui leur avait dit : « Soyez, et ils furent. » Hamzé lui a pris (son « autorité), et ayant déchaîné les vents contre lui, il l'a « écarté, et il s'en est allé. » (P. 122.)

9. Moktana, en rapportant un vœu prophétique attribué à Hamzé sur le retour du Wéli, a dû entendre qu'il s'était lui-même annoncé, puisque c'est lui qui doit juger le monde.

10. Les lois anciennes seront totalement abolies; la secte éternelle sera proclamée; N. S. sera adoré dans toutes les langues; on le reconnaîtra sous tous les noms et toutes les dénominations. Alors on criera à haute voix, dans toutes les régions de la terre et en tout lieu : A qui appartient le royaume aujourd'hui? Et on répondra : A N. S. Hakem, le victorieux, le puissant, le fort; il est

digne de louange et au-dessus de toute description. Chacun sera traité suivant ses mérites et sans injustice. (De Sacy, Exp. II. 600.)

11. M. de Sacy ajoute : par la métempsychose. (II. 640.) Il avait dit, p. 528 : Il faut entendre par les mots : « *quiconque ne sera pas né deux fois*, etc. » la naissance spirituelle et la connaissance des Nateks et des Asas. Cela rappelle l'affranchissement exceptionnel du peuple juif par l'ange exterminateur. (Exode XII.)

12. Il établira sur eux son empire, qui n'aura d'autre loi que sa volonté. (Venture, 16ᵉ question).

13. Cette division mystérieuse fait dire à M. de Sacy que, pour se conformer à la doctrine de Hamzé, on aurait dû prévenir que par les juifs il faut entendre les sectateurs du Tenzil, par les chrétiens ceux du Ta'ouil, et qu'il eut fallu ajouter que les partisans du magisme formeraient la troisième classe composée des apostats. (Exp. II. 524.)

Mais je ne comprends pas cette prétention, puisque ces qualifications ont une destination propre, et que rien ne fait sentir la nécessité de l'application supposée.

M. de Sacy n'a pas été satisfait des réponses aux questions 17 et 18, quoiqu'elles s'expliquent assez sans avoir besoin de recourir à la traduction que voici de M. Regnault :

« Il les détruira par le sabre, et après elles renaîtront « au nombre de quatre, savoir : les chrétiens, les musul- « mans, les juifs et Druses apostats ou ignorants. » (15ᵉ question.

Lesquelles nations comprendront toutes les autres comme l'explique la 18ᵉ question.

Les unitaires purs étant seuls destinés à l'éternelle jouissance du gouvernement de l'univers, il faut bien que les autres peuples subissent les peines qui leur sont réservées, en tête desquelles est l'esclavage perpétuel, résumant à lui seul tous les maux qu'on peut imaginer. Ils sont, au surplus, énumérés dans la note 15.

Il convient toutefois de faire observer que, d'après

Hamzé lui-même, il sera établi des marques afflictives pour *trois* classes de réprouvés, et qu'elles comprendront les juifs, les chrétiens, puis les partisans du magisme parmi le peuple de Mahomet. (De Sacy, Exp. II. 524.) Voir p. 136 et suiv.

14. Le formulaire Adler présente quelques différences : Lorsqu'il viendra, il « nous trouvera veillant comme il dit « dans l'Evangile : Heureux les serviteurs que leur maître « trouve éveillés en revenant chez lui. On louera leurs « personnes, et il nous donnera le pouvoir et l'empire. » (P. 122.)

15. « Certainement ils périront les impies ; ils seront « mis à mort les scélérats ; ils seront livrés à l'ignominie « les incrédules ; ils paieront le tribut, et *ils se soumettront « avec une humble résignation.* Ils seront obligés, malgré « eux, à se revêtir d'habits qui serviront de marques pour « les reconnaître ; toutes sortes de malheurs et d'infor- « tunes tomberont sur eux, et la vengeance du roi puis- « sant reposera sur leur tête. » (De Sacy, Exp. II. 602.)

Il ne faut pas, dit Hamzé, qu'il se trouve parmi vous des meurtriers, voleurs, fornicateurs, hommes violents et tyranniques, ni d'autres gens vicieux, en horreur chez tous les unitaires ; car celui qui commettra l'un de ces péchés devra en faire pénitence par l'entremise de l'Imam en exercice. (Pétis de la Croix, man. fr. 582 I. 12.)

Le Catéchisme Venture, en amplifiant sur ces rigueurs, porte que :

« Tout ce qu'ils mangeront et tout ce qu'ils boiront aura « un goût de fiel et d'amertume. Ils seront les esclaves des « vrais adorateurs. Ils porteront sur la tête, pour signe « d'une éternelle réprobation, un bonnet de poil de cochon « d'un pied et demi de long, et à leurs oreilles sera sus- « pendu un anneau de jais, qui, dans la saison d'été, sera « brûlant comme le feu, et qui pendant l'hiver sera froid « comme la glace. » (20e réponse.)

Adler ajoute : « Ils seront dans notre dépendance. Ils « fatigueront à l'égal des bêtes de somme. »

Son Catéchisme veut que les chrétiens soient châtiés d'une manière analogue, mais moins rigoureuse, à cause qu'ils font mention du nom du Messie *malgré* qu'ils ne le connaissent pas. (Art. 12 et 13.)

C'est, d'après ce formulaire, que les sectateurs des fausses religions seront d'abord mis à mort et ressusciteront ensuite pour subir leur condamnation.

M. de Sacy n'a rien trouvé qui autorise une pareille croyance. (Exp. II. 642.)

16. Venture a mis : « Jusqu'au prophète *Samed*, » et de Sacy veut qu'il se soit trompé, et que c'était *Hamed* ou *Ahmed* qu'il fallait mettre, comme étant un des deux noms de Saïd.

Ce sont les changements de circonstances qui lui faisaient prendre différents noms. « Ainsi, chaque fois que « paraissait un prophète, il se montrait parmi les compa« gnons de ce prophète, et il changeait son nom. » (Adler, 117.)

17. D'après la prétention des Druses de faire figurer dans les auteurs de leur religion les personnages de tous les pays qui sont arrivés à une haute célébrité, il n'est pas étonnant qu'ils se soient emparés d'Aléazar, que son héroïque résistance dans la citadelle de *Mossada* avait immortalisé en Orient. (Poujoulat, 284.)

18. Le formulaire Venture porte :

Le nom de Druse a été donné aux adorateurs de N. S. Hakem Bi'amr'i, dont la divinité a été si clairement prouvée. Nous l'avons mérité en adoptant les lois sacrées qu'il lui a plu de nous imposer, de sorte qu'un Druse est celui qui a signé le pacte, qui en exécute scrupuleusement les conditions, et qui a juré obéissance et soumission aux ordres de Hakem. Ce mot vient de la racine arabe *ders*, et par corruption *dirs*, qui signifie étude, méditation, etc. (Art. 24.)

19. D'après Venture, le but des Druses serait complexe. Rendre hommage à Hakem, vrai prophète, en même temps qu'à Hamzé, qui a parlé dans l'Evangile ; être conséquent dans le système d'approuver toutes les religions, et reconnaître enfin que ce livre est fondé sur des principes divins. (Art. 26.)

20. Les formulaires Venture et de Sacy ajoutent : Qu'on n'encourt aucun reproche en agissant ainsi, de même qu'en se mêlant aux pratiques musulmanes pour les morts, qui sont odieuses aux Druses, mais auxquelles ils se conforment pour ne pas exposer leur religion.... car celle « dont nous faisons une profession extérieure exige cela « de nous. »

D'après Adler, Mahomet étant le diable, les Druses sont obligés de tenir le Koran pour prophétique, et de sembler pratiquer les funérailles comme les musulmans. Une autre raison qu'ils donnent, c'est que cette religion s'est établie par la violence. (P. 126.)

21. Venture est d'avis que Hamzé « les a rejettés comme « des inventions du mensonge, malgré tous les témoignages que des écrivains ignorants rendent en leur faveur.» De Sacy partage ce sentiment.

22. Cette question est augmentée de la phrase que voici, dans la traduction de Venture :

« Et comment ferons-nous sentir la prééminence et la « gloire du prophète de la vérité Hamzé, fils d'Ali, dont « les bénédictions sont répandues sur tous les fidèles ? »

23. Cette réponse nullement catégorique appartient au style amphigourique des Druses.

24. D'après les Manichéens, « si une âme sort de ce « monde, sans avoir connu la vérité, elle est livrée au dé- « mon afin de la dompter dans la géhenne du feu. » Beausobre, I. 247.)

25. Les frères de Hamzé sont les quatre ministres supérieurs et les trois inférieurs. Ceux-ci réunis aux cinq autres, y compris Hamzé, forment les huit porteurs du trône qui symbolise la religion unitaire.

26. Venture traduit ainsi : « Qui souffle les âmes dans les corps. » (31e question.)

27. — Voici deux autres textes dont les traductions me paraissent plus rationnelles ;

« Tout ce qui est admis comme impiété parmi les différentes religions fait le fondement de la foi du Druse « spirituel (sage), il croit tout ce que les sectes rejettent « comme impiété. » (Laurent, I. 422.)

Le spiritualisme consiste à « regarder comme infidèles « tous les peuples de la terre, puisque nous avons le mé« rite de croire tout ce qu'ils ont nié et de nier tout ce « qu'ils croient. » (Venture, 33e question.)

28. Ceci a quelque rapport avec le verset XIII de l'Evangile selon saint Luc :

« Quand le père de famille sera entré et aura fermé la « porte, et que vous, étant dehors, vous commencerez à « heurter, en disant : Seigneur, ouvrez-nous ; il vous ré« pondra : « Je ne sais d'où vous êtes. »

L'accès auprès de Hamzé n'est plus possible depuis qu'il s'est courroucé contre son peuple en terminant sa mission. (Pétis de la Croix, man. arabe, 1583. 11.)

L'Intelligence, qui s'est retirée, étant la grande porte, elle se trouve fermée.

29. Après la création des êtres, « les âmes commencèrent à pratiquer la métempsychose, à se retirer de leurs « corps pour entrer dans d'autres, les premiers corps se « détruisant dans la révolution des temps. » (Pétis de la Croix, man. arabe, 1583. 11.)

30. Celui à la voix duquel tout obéit, qui pour qu'une chose soit n'a qu'à le vouloir.

31. Malgré le mystère qui domine dans tous les écrits

des Druses, on peut comprendre qu'ils entendent par cinquième science l'union de l'entendement, l'*intelligence*, avec l'*âme* noble, qui constitue la foi de l'unité.

Le manuscrit français n° 582 porte que c'est par son amour que la maison du monde a été créée, et que l'*ordre* de Hakem, créateur de toutes choses, a paru ensuite au milieu de ses habitans. (II. p. 220.)

32. Le formulaire Venture répond ainsi à cette question : « Cinq parties, dont deux concernent le monde « moral, deux autres le monde physique, et la cinquième « partie, qui est la plus intéressante de toutes, comprend « les secrets de la vérité à laquelle doivent tendre tous nos « vœux. » (39e question.)

33. De Sacy rapporte un fait d'après lequel le mot *semence* aurait été employé pour se faire reconnaître dans les pays éloignés, parce que ceux qui avaient à réclamer des droits, dus à des unitaires, se présentaient comme les maîtres de la semence. (Exp. II. 702,)

Le Catéchisme Adler veut que « si l'on s'assure qu'il « nous appartient, nous le conduisions à la *Khalloué* et « nous lui découvrions le secret caché, qui est Hamzé le « *préservé*. Cela nous vaudra mérite et récompense. » (Page 128.)

C'est une preuve de plus de la substitution, pour un parti, de Hamzé à Hakem.

34. Leurs titres sont : l'intelligence infinie, l'âme universelle, l'ambassadeur du Tout-Puissant, l'aile droite et l'aile gauche.

35. Le manuscrit arabe 1583, traduit par Pétis de la Croix, annonce moins de rigueur à l'égard de ceux qui, après avoir cru, ont renié la parole de l'unité. « Il les châ- « tiera par le bannissement de la patrie, la peine de l'éloi- « gnement de lui, jusqu'à ce qu'ils fassent pénitence, et « s'il veut, il leur pardonnera. » (Page 12.)

Le formulaire Regnault ajoute que le mécréant portera des pendants d'oreilles et paiera tribut.

Il parait que depuis les temps bibliques, l'esclavage est toujours désigné en Orient par les pendants d'oreilles. Cette remarque m'est fournie par le conte de Hir et Ranjhan, traduit par M. Garcin de Tassy, membre de l'Institut. (*Rev. de l'Orient*, septembre 1857, p. 123.)

36. La ressemblance des noms peut faire confondre ce dernier Imam, de la race d'Ali, avec son contemporain le chef de la dynastie des Fatimites, l'un des aïeux de Hakem.

37. Dans les passages omis se trouvent sans doute les réflexions sur les systèmes extravagants « de la transmi- « gration des âmes dans les corps des bêtes. » (Venture, 44e question.)

38. Le point du compas signifie en persan le centre, le pôle autour duquel tout se meut. (De Sacy, Exp. II. 44.)

39. C'est l'âme, ou le second ministre; sa signification est : celui qui suce. De Sacy ajoute : L'âme est ainsi nommée, parce qu'elle tire, à la lettre, parce qu'elle suce ou hume de Dhouma'a la science de la religion. (II. 247.)

40. Le mot *Hasseké*, qu'on a pu lire de différentes manières, comme *Hekemé*, *Hallè*, a dérouté plus d'un traducteur, dont les écrits m'ont induits à erreur. Ce n'est qu'à la suite de nombreuses recherches que j'ai pu me fixer à celui d'*arète* (*) que je trouve seul à expliquer, la partie étant prise, par synecdoque, pour le tout.

Venture et de Sacy ont traduit *pieds de la sagesse*; cependant ce dernier avait déjà dit que le mot hasseket (qu'il avait rendu par chandelier) signifie *la poinle de fer* sur laquelle on met le cierge. (Exp. II. 6)

Les chandeliers sont généralement en cuivre et terminés par une pointe ou arète sur laquelle on place le cierge. Or,

(5) M. de Sacy le traduit par le mot tige. Exp. II. 273.

la religion druse étant comparée à un cierge, composé de cinq éléments : chandelier, cire, mèche, feu ou lumière, et fumée (synonime en arabe de ciel), les cinq éléments et les trois pieds du chandelier forment les huit ministres symbolisant la foi unitaire.

41. Le copiste les a nommés Jean, Marc et Matieu, mais le croyant dans l'erreur c'est en me fondant sur un autre manuscrit arabe que je les ai placés dans l'ordre adopté.

Jean désignant Hamzé ne devait pas entrer dans la composition des prédicateurs ainsi que Venture et de Sacy l'ont également pensé.

42. C'est lui qui a complété l'œuvre de Hamzé, en donnant à la religion uuitaire tout le développement qu'elle a eu.

43. Les Druses les désignent par les noms de Mahomet, Ali, Abou Béker, Omar et Osman.

44. Venture est d'avis que ce soient les âmes pures et saintes qui aient été élues par Hakem pour être ses apôtres et prophètes. (Art. 58.)

Regnault dit que ce sont : « Les 164 femmes et filles qui « appartiennent à N. S. »

Le mot sédek (écrit par un *sin*, selon l'ortographe druse) véracité, forme bien par la valeur de ses lettres le nombre 164, que les gnostiques druses décomposent ainsi : 99 Imams ou daïs, du pontife de la religion ; l'aile droite avec 30 attributs ou ministres, et l'aile gauche également 30 ministres; ce qui fait 161. Les trois qui restent sont : le Désir, le Vouloir et la Parole.

De Sacy les qualifie de « ministres animaux, de joyaux « cachés qui ne se manifestent et ne se personnifient que « dans le siècle de Kaïem el Zéman. » (Exp. II. 306.)

Le nombre 99 correspond à celui des noms que les musulmans donnent à Dieu.

45. M. de Sacy trouve, non sans raison, que cette réponse confond les ministres en leur attribuant des manifestations qui ne leur appartiennent pas, et après une savante dissertation il finit par décider qu'on ne doit tenir aucun compte de cette 60e réponse (II. 251). Ne voulant cependant pas admettre que la contradiction, qu'il cherche encore à expliquer, puisse être regardée comme une erreur (285), il croit pouvoir prouver, par des écrits qu'il cite, que c'est à la faveur des successions des ministres qu'est venue la diversité des qualifications.

J'accuse, quant à moi, le copiste du Catéchisme d'une omission dans cette réponse, et je crois qu'elle doit être rétablie ainsi.

Ce sera le *désir*, la volonté, la parole, soit Jean, Mathieu et Marc de la période du Messie, qui étaient Mathieu, Marc et Luc, dans le temps de Mahomet, et se nommaient Mokdad, Masfoun, Ebn Jaser et Aba Dharr el Ghifari (*), et qui du temps de Hamzé furent Ismaïl l'âme, Mohamed la parole, et Béhaeddin l'aile gauche.

Je ferai aussi observer que M. de Sacy n'a pas considéré que la demande est complexe, puisqu'elle s'enquiert des ministres qui se personnifieront à l'avènement de Hamzé, et que la réponse devait indiquer ce qu'ils avaient été dans les trois temps cités. Or, pour le premier cas, Hamzé est naturellement en tête des trois ministres privilégiés et définitifs, tandis qu'il ne devait pas figurer dans les périodes passées, surtout dans la sienne, pas plus que Jean qui le symbolise. Je dis enfin que de la désignation de certains personnages découle l'obligation de leur attribuer les qualités qui leur conviennent.

46. Pour le faire mettre à mort.

(*) Dans mon manuscrit, le nom est écrit *Néfaouy*.

« Dans le dessein, dit Regnault, d'augmenter sa per-« version et de le tuer légitimement. »

De Sacy croit toutefois que Khimar n'était que le cousin germain de Hakem, et que le nom qui lui a été donné ne signifiait que *fils de frère.*

47. A cette explication, un auteur druse ajoute celle-ci : « A l'égard de la coutume qu'il a eue de monter des « ânes, ç'a été pour indiquer la publication de la vraie foi, « au contraire des lois des prophètes. Les selles sans or ni « argent indiquent l'abolition des deux lois de Mahomet « et d'Ali ; l'usage des ornements de fer aux selles mar-« quent l'extirpation et l'abolition de toutes les législa-« tions précédentes par la voie de l'épée. » (Pétis de la Croix, man. fr. 582, I. 127.)

48. « Ces pyramides doivent être un objet sacré de pè-« lerinage et les signes permanents du pacte qu'il (Ha-« kem) a contracté avec les mondes, signes qui subsiste-« ront jusqu'au jour où il retournera sur la terre pour la « dernière fois. » (Venture, 64e question.)

49. L'engagement sera le titre solennel en faveur ou contre les individus, chacun ayant le sien, puisqu'il n'en a point été passé de collectifs, tous les actes étant personnels.

« Le Dieu très-haut permettra que les actes d'engage-« ment paraissent en sortant des lieux où ils sont à pré-« sent ; les hommes les verront : tous ceux contre lesquels « ils ont été dressés sauront cela à l'instant même ;... car « le Seigneur digne de louanges donnera aux créatures la « faculté de percevoir leurs œuvres passées bonnes ou mau-« vaises, ainsi qu'il a été dit :

« Et l'on fera voir clairement à chaque âme pour quel « péché elle sera tuée (*), et elle se laissera conduire sans « résistance. » (De Sacy, Exp. II. 378.)

(*) Le mot tuée me paraît impropre à l'égard de l'âme impérissable, et si c'est de *qattel* que M. de Sacy l'a tiré, je dirai que

50. Venture modifie ainsi la seconde partie de cette réponse :

« Et les mettre en garde contre le faux prophète qui « venait parler au nom du ciel. » (66e question.)

Regnault est plus explicite :

« En reconnaissant que le législateur (Mahomet), n'est « que le démon. »

51. Les habitants de l'univers ne diminuent ni n'augmentent. Leur nombre restera tel qu'il a été au commencement des siècles jusqu'à la consommation du monde et le retour au séjour éternel.... Les individus s'apparaissent de rechef, et de temps à autre, sous des figures suivant la mesure du bien et du mal par eux acquis. (Man. fr. 583, IV. 134.)

52. Cette réponse remplaçant un nom par son synonime *turc*, n'est nullement catégorique. *Hedoud* eût mieux valu. Il s'agit d'ailleurs d'une répétition. (Voir 42e question et la réponse à la 84e.)

53. Venture répond en ces termes aux questions 70 et 71 réunies, en une seule, dans son formulaire :

Les musulmans croient que le Koran vient directement du ciel, et ils le nomment la *révélation*. Les chrétiens donnent le nom d'*explication* à l'Évangile parce qu'en effet ils en ont expliqué à leur guise le sens et les paroles.

54. Voir la note précédente.

55. La pénitence a lieu entre les mains de l'Imam.

Les péchés comprennent tous les crimes qui sont en horreur chez les unitaires, et le plus grand est la révélation du secret de Hakem.

Il leur est recommandé de « bien se garder des paroles « d'impiété et des actions d'infidélité ; de ne pas se réfu-

cette expression signifie également fustiger, battre, punir corporellement, comme assassiner ne dit pas toujours priver de la vie. Il se pourrait, au surplus, que l'erreur vint de la traduction du substantif *nefs* par âme, lorsqu'il veut dire aussi personne ou individu.

« gier dans une maison ruinée, ni de s'asseoir sous un « angle prêt à tomber ; de ne pas quitter un nectar réel » pour rechercher la coloquinte, etc. » (Épitre du bon Conseil.)

Regnault veut que les Druses soient obligés de confesser tous leurs péchés. Je ne l'ai pas ouï-dire, et nul autre auteur ne rapporte ce fait.

56. Il est question de cette charte à la page 85 de la II° section.

De Sacy fait remarquer que cette pièce, destinée à être lue en public, ne fut pas écrite dans le style de la doctrine de Hamzé, Hakem n'y étant désigné qu'en sa qualité d'émir des croyants; ce qui est tout naturel, cette doctrine n'étant alors qu'à son début.

57. La réponse du Catéchisme Venture jette plus de jour sur cette question. « La sagesse divine l'a ainsi voulu, pour « que le règne de Mahomed fut le sujet de l'épreuve de ses « adorateurs, qui, par leur constance dans la foi, méri- « teraient de plus en plus ses faveurs et ses grâces, tandis « que les infidèles qui se cachaient parmi eux donneraient « des preuves de leur irréligion et de leur apostasie. » (80° question.)

58. « Qui ne se sont pas rendus à l'invitation de N. S. « Hakem. » (Venture, 81° question.)

59. « Les Druses se servent des noms d'anges et de « diables ; mais par les premiers, ils entendent ceux qui « croient à Hakem, et par les derniers, les infidèles. » (Niébukr, 356.)

60. Les âges, ou les époques, « Ce sont les diverses « religions, plus ou moins éloignées de la vérité et infec- « tées de polythéisme, qui se sont succédées depuis celle « d'Adam jusqu'au temps de Hamzé. » (De Sacy, Exp. II. 138.)

61. Le trône, c'est l'inspiration divine qui réside dans l'intelligence. (*Id.* II· 65.)

« C'est aussi la connaissance de l'unité de N. M. qui est « très-difficile, et dont nul n'est capable, sinon un prophète « envoyé ou un ange environnant le trône. » (Epit. de la profession de foi des femmes.)

Les porteurs du trône sont au nombre de huit : Hamzé, ordinairement désigné par les mots *verset du trône*, les quatre ministres supérieurs et les trois inférieurs. On nomme quelquefois ces ministres les sept frères de l'intelligence.

De Sacy fait remarquer qu'il y a deux erreurs dans la réponse : on n'y compte que cinq porteurs du trône, tandis que « huit anges porteront le trône du Seigneur, » et que Hamzé, appliquant ce verset du Koran aux ministres unitaires, annonce que le *Kaïem el Zéman* réunit en luimême la science des huit porteurs du trône.

Puis on fait des ministres les cinq visirs nommés le précédant, le suivant, l'application, l'ouverture et le fantôme, quoique les trois derniers soient inférieurs aux principaux. Ainsi l'auteur aurait dû dire : les porteurs se composent des cinq ministres supérieurs et des trois inférieurs.

De pareilles fautes, assez fréquentes dans les écrits druses, sont souvent dues à l'ignorance des copistes, ou à leur inadvertance.

62. La réponse du formulaire Venture, 84e question, est plus satisfaisante :

« Ces puissances célestes, au nombre de cinq, sont con« nues sous les noms de Gabriel, Michaïl, Esrafil, Az« raïl (*) et Mathatroun. Le premier est Hamzé, le second « Mohamed Ebn Voheb, le troisième Selamé ben Abdul « Vahab, le quatrième Béhaeddin, et le cinquième Ali « Ebn Ahmed. Ce sont les cinq visirs de Hakem que les « livres sacrés désignent encore par les noms d'*ancien*, de « second, de corps (application), de *triomphe* (ouverture) et d'*imagination* (fantôme (**).

(*) Même transposition de noms que dans la réponse à la 84e demande du Catéchisme.

(**) Venture a pris *ged* pour *gessed* et *feteha* pour *fetehon*.

63. « Parce que Hamzé est à leur égard comme un chef « respectable auquel ils obéissent avec toute la déférence « que les femmes doivent à leurs époux. » (Venture, Catéchisme.)

Adler présente cette distinction qui découle du système substituant Hamzé à Hakem, « parce qu'ils étaient auprès « de N. M. el Hakem Bi'amr'i, qui est Selman el Farsi et « le Messie vivant, auquel ils obéissaient comme les fem- « mes obéissent à leurs maris; que leur ayant dit écrivez « *ainsi*, ils écrivirent, et que chacun d'eux a prêché les « unitaires sept ans. »

64. Les Druses croient qu'il y a eu deux Messies et deux Évangiles.

« Il en est un véritable, dit Venture, qui mérite nos « respects. C'est l'Évangile du vrai Messie, qui a aussi « paru du temps de Mahomet sous le nom de Selman el « Farsi, et qui n'est autre que Hamzé fils d'Ali. Mais nous « devons bien prendre garde de le confondre avec celui « qui est attribué au faux Messie qui n'est que le fils de « Marie et de Joseph. » (87e question.)

65. Le Christ était Adam l'élu qui, « au moment de « son crucifiement (*), donna sa ressemblance à Jésus fils « de Marie pour être crucifié à sa place. » (Regnault, p. 17.)

Quoique ceci fasse allusion à ce passage du Koran : « Ils « ne l'ont point crucifié ; un homme qui lui ressemblait fut « mis à sa place. » (S. IV. v. 156.) Je suis porté à trouver du gnosticisme dans cette invention, les Druses ayant puisé leurs idées un peu partout. Les phantasiastiques ne soutenaient-ils pas que le corps de J.-C. était aérien et fantastique? (Pluquet, p. 409)

S'ils ont imaginé deux Christs, ç'a été pour en sacrifier un, conformément à la croyance musulmane, leur véritable Messie étant Hamzé fils d'Ali. Quant à ce prophète

(*) On aurait dû dire de son arrestation.

que « Dieu a élevé à lui, » (*) et qui doit revenir juger les vivants et les morts, ce dogme mahométan, les Druses n'ont pu l'admettre, même par imitation, parce qu'il aurait contrasté avec leur doctrine, bien que l'office de dernier juge soit également attribué à Hamzé.

« Les Druses prétendent que les âmes de leurs apôtres ont demeuré dans des disciples de Jésus-Christ. » (Niébunr, p 356.)

Dans l'épitre de la *distinction des unitaircs*, etc., il est dit : « La construction des églises, la permission aux « chrétiens de porter des croix, et la préférence à eux « accordée sur les musulmans en toutes occasions, sont les « plus fortes preuves que la religiou musulmane est extir- « pée et mise au néant, que la vérité brille, etc. » (Man. fr. 583. IV. 130.)

Il y eut, en effet, un temps où les chrétiens jouirent de quelque faveur. Ce fut lorsqu'on voulut les avoir pour alliés, faute de les convertir, comme on en avait eu l'espoir.

La réponse à la 36e question du formulaire Adler fait mieux sentir les raisons qui déterminèrent à donner cette préférence aux chrétiens.

« Pour que les unitaires se missent à couvert sous cette « religion, et que nul n'en eût connaissance, attendu que « dans ce temps-là les chrétiens étaient supérieurs aux « unitaires. C'est pourquoi El Hakem Bi'amr'i a établi « cette nation sur eux et contr'eux, ainsi qu'il fit pour les « juifs, lesquels s'étaient appesantis sur les fidèles uni- « taires de la religion de N. M. susdit, ce qui lui fit élever « Jésus le Nazaréen, fils de Marie, sur eux et contre « eux, et il était avec lui au nombre de ses disciples. » (p. 134.)

La réponse à la 37e question est encore plus explicite.

Il a agi ainsi « pour délivrer les unitaires de toute na- « tion dominante sans que nul ne connût leur secret,

(*) Koran, S. IV. v. 156.

« parce qu'il fait ce qu'il veut et de la manière que cela « lui plaît. Il renverse, il bâtit, il élève, il abaisse comme « il l'entend, selon son dire aux choses : Soyez, et elles « sont ; puisqu'il est le commencement et la fin. » (*Id.*)

67. Le formulaire Regnault offre une légère différence de rédaction.

D. Que s'est-il passé après cette résurrection ?

R. Le Christ vivant, c'est-à-dire Hamzé, l'esclave de Notre Seigneur, est entré chez les disciples, les portes étant fermées.

68. Dans l'ordre hiérarchique, Jean aurait dû être cité le premier, mais attendu que les trois prédicateurs, qui font partie des quatre femmes, ont d'abord été annoncés dans cet arrangement, je crois que c'est ce qui fait que Jean est ici nommé en quatrième lieu. (V. note 41.)

69. Surate 66, verset 3

« C'est un mystère inconcevable, dit le formulaire Ven- « ture, que nous chercherions en vain à pénétrer. Ce qu'il « y a de certain, c'est que cet Esprit saint dirige les hom- « mes dans la voie du salut ou les égare dans le chemin de la perdition, selon son bon plaisir. » (93e question.)

Le Catéchisme Adler s'exprime tout autrement dans sa réponse.

« Nous disons à ce sujet que Selman el Farsi, qui est le « Messie vivant, s'est dérobé à leur vue et a aveuglé leur « cœur, et cela en confirmation de ce qui a été dit dans « le Koran : Nous les avons trompés, et nous avons fasciné « leurs yeux et aveuglé leurs cœurs. » (p. 131.)

70. Ce passage fait allusion aux versets 9e et 51e des Surates 6e et 27e du Koran.

71. Koran, Sur. 21e, verset 23.

72. Le formulaire Venture anticipe sur les explications qui sont données à l'occasion des questions suivantes, et il les développe dans le sens qu'on est en droit de leur sup-

poser, mais que le texte ne saurait offrir, parce que le style des écrits druses est constamment énigmatique.

« Les danses sont l'image des fausses religions, et les « baladins qui les ont exécutées sont la figure des pro- « phètes imposteurs qui les ont annoncées : chacun d'eux « est venu dans son temps jouer son rôle sur le théâtre de « ce monde, et y faire sa pantomime. Il a fixé par son « adresse, pendant quelques moments, l'attention et les « applaudissements des spectateurs, et ensuite il a disparu « pour faire place à un autre. » (96ᵉ question.)

73. M. de Sacy l'appelle jeu du fouet, du mot *Maqra'a*, parce qu'en Orient on se sert d'un mouchoir tordu, ou d'un bout de corde, au lieu de la main, pour frapper le patient; aussi M. Regnault emploie-t-il les expressions de *cordés* et *noués* en parlant des mouchoirs dont on fait usage à ces jeux. Il dit aussi :

« Qu'ils designent la religion de Mahomet fils d'Ab- « dallah. »

74. La sagesse, c'est la figure de Hakem ou la représentation de son humanité.

Les Imams et tous les unitaires sont obligés de veiller à la sûreté des mystères de leur foi, et faire même semblant, au besoin, de les ignorer entièrement. (Man. arabe, 1583. p. 14.)

75. Venture a mieux saisi le sens de cette partie de la réponse :

« Un zèle plus communicatif de notre part ne saurait « leur être d'aucune utilité; le temps de la vocation étant « passé, et la porte de la miséricorde fermée, etc. » (98ᵉ question.)

76. Le jeûne pour mortifier l'âme devient « une œuvre « méritoire, de même que la dîme dans l'intention de faire « l'aumône aux frères. » (Regnault.)

Selon la doctrine des Druses, le jeûne est l'observation du silence. Nous l'avons déjà dit.

« Le véritable jeûne c'est de conserver vos cœurs dans « la profession de l'unité de notre Maître de glorieuse mé- « moire. » (Pétis de la Croix, man. fr. 582. I. 56.)

77. Le Catéchisme Venture diffère entièrement sur ces deux dernières questions. La 99e est ainsi composée :

« Cette dispense s'étend-elle jusqu'au précepte du jeûne « et de l'aumône ?

— « Oui. La dîme est défendue, et elle n'est due ni « aux spirituels, ni à personne autre. Au précepte du « jeûne, a été substitué la mortification de l'âme par la « retraite et le silence. »

La dîme dont il s'agit ici est la taxe imposée par le Koran au profit des pauvres. (V. page 124.)

78. Le mot *pacha*, dont l'usage ne peut remonter au-delà du commencement du XVIe siècle, où Selim Ier fit la conquête de la Syrie et de l'Egypte, me porterait à penser que le Catéchisme des Druses, qui contient ce substantif et celui de *Beyram*, également turc, fut composé longtemps après l'établissement de la foi unitaire, ou que ces noms y ont été introduits, par la suite, comme synonimes de ministre ou gouverneur et de fête.

Venture n'emploie pas le mot de pacha dans sa réponse :

« De mériter les faveurs de Hakem, qui, à son pro- « chain retour sur la terre, proportionnera ses récom- « penses à nos bonnes œuvres et à nos vertus, en nous « distribuant les places, les emplois et les dignités de ce « monde. »

TABLE DES MATIÈRES.

www.ingramcontent.com/pod-product-compliance
Lightning Source LLC
LaVergne TN
LVHW060102240826
846091LV00018B/4069
* 9 7 8 1 2 4 9 9 2 9 7 3 4 *